Jorge Klapproth

Wirkungsvolle Kommunikation
als Erfolgsfaktor für Führungskräfte

Das Buch

Kommunikation bedeutet Verständigung. An sich ganz einfach - und doch so komplex. Denn in unserer Berufswelt ist Kommunikation mehr als nur Verständigung. Sie ist ein strategisches Instrument der Zweckerreichung und damit ein persönlicher und beruflicher Erfolgsfaktor. Gerade Führungskräfte müssen auf allen Ebenen überzeugend sein: Gegenüber Mitarbeitern, Kunden, Vorgesetzten, Kollegen, in Diskussionen oder bei Vertragsverhandlungen. Dies gelingt nur durch eine gute und effektive Kommunikation.

In diesem Buch gibt der Kommunikationstrainer Jorge Klapproth wertvolle Hinweise, wie wichtige Gespräche besser funktionieren. Er zeigt Lösungsmöglichkeiten und Strategien für eine zielgerichtete und wirkungsvolle Kommunikation.

Der Autor

Jorge Klapproth, Jahrgang 1961, ist Kommunikations- und Medientrainer, Berater und Coach für Unternehmen, Organisationen, Verbände, Behörden und Persönlichkeiten des öffentlichen Lebens. Er berät und trainiert Führungskräfte und Kommunikationsverantwortliche in den Bereichen Strategische Kommunikation und Krisenkommunikation.

Jorge Klapproth studierte Ingenieurwissenschaften für Nachrichtentechnik an der Universität der Bundeswehr in München. Als Inhaber und Headcoach von CMC Kommunikation + Medien ist er auf die Vorbereitung von Führungskräften auf den professionellen Auftritt in TV, Radio und vor Publikum spezialisiert.

In zahlreichen Veröffentlichungen, Vorträgen und Seminaren zeigt er die Zusammenhänge von wirkungsvoller Kommunikation und das Erreichen von Zielen auf.

Internet: www.conmediacom.de

Jorge Klapproth

Wirkungsvolle Kommunikation

als Erfolgsfaktor
für Führungskräfte

Die Kunst, andere zu überzeugen
und für seine Ziele zu gewinnen.

Bibliografische Information
der Deutschen Nationalbibliothek:

Die Deutsche Nationalbibliothek verzeichnet diese Publikation in
der Deutschen Nationalbibliografie; detaillierte bibliografische
Daten sind im Internet über www.dnb.de abrufbar.

2. Auflage

Herstellung und Verlag:
BoD - Books on Demand, Norderstedt

Printed in Germany

ISBN: 978-3-7322-9402-2

Für Ruth

Inhaltsverzeichnis

Vorwort

Wenn wir von Kommunizieren sprechen, so meinen wir häufig, sich verbal ausdrücken, etwas mitteilen, ein Gespräch führen, Informationen austauschen oder eine Rede halten. Auch die technische Kommunikation, z.B. die Übertragung von Daten vom Sender zum Empfänger mit technischen Einrichtungen, wird häufig kurz als Kommunikation bezeichnet. Wobei ich diese Art der Verständigung eher im Bereich der *Tele*kommunikation ansiedeln würde. Was ist also Kommunikation, wie ich sie verstehe und deren Wirkmöglichkeiten und Einflüsse im vorliegenden Buch beschrieben sind?

Ich verstehe Kommunikation als weit mehr, als nur den Gedankenaustausch oder die Informationsweitergabe. Für mich ist sie ein komplexes Ganzes im Miteinander der Menschen im sozialen Gefüge. Das bedeutet, dass Kommunikation immer Wirkung auf die Menschen entfaltet – ob bewusst oder unbewusst - gesendet oder empfangen.

Kommunikation ist das ganzheitliche Wirken und *Ein*wirken auf andere Menschen. Insofern ist sie natürlich weit mehr als nur das gesprochene oder geschriebene Wort. Deshalb ist sie mehr als Rhetorik. Unbestritten haben verbale Äußerungen einen erheblichen Anteil im kommunikativen Einfluss auf unsere Umwelt. Aber eben nur einen Teil. Ein großer Teil der persönlichen Kommunikation liegt im ganzheitlichen Auftreten des Menschen und seiner Wirkung auf andere. Und das kann man steuern. Die Gesamtwirkung des Menschen und seine Einflussmöglichkeiten auf andere, um die eigenen Ziele mit Hilfe wirkungsvoller Kommunikation zu erreichen, sind in diesem Buch beschrieben.

Das Buch ist in acht Kapitel unterteilt. Zunächst verschaffen wir uns einen Überblick über die Grundlagen der Kommunikationspsychologie, denn die spielt eine große Rolle, um zu erkennen, wie und warum Menschen auf bestimmte Reize reagieren.

Anschließend beschäftigen wir uns mit der Frage des Aufbaus von Vertrauen. Wozu benötigen wir das Vertrauen der Menschen, an die wir uns richten? Manchmal gelingt es uns nicht, trotz allen Bemühens, das notwendige Vertrauen zu bekommen, weil es Störungen in der Kommunikation gibt, die wir vielleicht nicht erkennen. Mit dieser Frage setzen wir uns im dritten Kapitel dieses Buches auseinander.

Im Anschluss geht es um die Macht der Bilder. Warum haben Bilder auf uns Menschen eine so große Wirkung? Warum nehmen wir Bilder schneller und nachhaltiger auf, als geschriebenen Text oder das gesprochene Wort? Wie können wir Bilder einsetzen, um wirkungsvoll zu kommunizieren? Damit beschäftigen wir uns im Kapitel vier.

Was tun, wenn's schwierig wird? Manchmal stehen wir vor schweren Gesprächskonstellationen, z.B. vor einem Entlassungsgespräch oder der Eröffnung einer negativen Beurteilung gegenüber einem Mitarbeiter. Oder ein Gespräch „kippt" unbeabsichtigt in eine unerwartete und negative Richtung.

Wie können wir mit solchen Gesprächssituationen umgehen? Das ist das Thema des fünften Kapitels in diesem Buch.

In diesem Zusammenhang beschäftigen wir uns anschließend mit den Möglichkeiten, Gespräche zu steuern. Also Einfluss auf die Gesprächsinhalte zu nehmen. Denn nur, wenn auch „unsere" Inhalte Gegenstand des Gespräches sind, können wir auch unsere wichtigen Botschaften platzieren. Dieser Punkt zieht sich wie ein roter Faden durch das gesamte Buch.

Im Kapitel Sieben schauen wir uns die Funktion, den Aufbau und Einsatz von guten Argumenten in der eigenen Gesprächsführung an. Denn wollen wir überzeugen, so brauchen wir natürlich auch gute Argumente, neben einer Reihe von weiteren wichtigen Werkzeugen der wirkungsvollen Kommunikation.

Zum Schluss gilt es auch einen Blick auf die Möglichkeiten des Einsatzes unfairer rhetorischer Methoden und Taktiken zu werfen: Denn wenn wir nicht erkennen mit welchen Stilmitteln ein geschulter Gesprächspartner in einer Diskussion oder einer schwierigen Verhandlung kämpft, so gehen wir ihm umso schneller auf den Leim und unterliegen in der Meinungs- und Deutungshoheit. Und damit kann das Erreichen unsere eigenen Ziele gefährdet werden.

Darum gilt es, sich mit den Fragen einer zielgerichteten und wirkungsvollen Kommunikation, immer wieder und vor allem aber auch anlassbezogen, auseinander zu setzen.

Dieses Buch erfindet das große Rad der Kommunikation nicht neu. Sie werden vieles entdecken, dass Sie in dieser oder ähnlicher Form schon einmal gehört oder gelesen haben. Das ist beabsichtigt. Denn dieses Buch soll ein Angebot für eine Alternative auf das bisherige eigene Kommunikationsverhalten sein. Es soll Hilfestellung und Anregung geben und ein wenig sensibilisieren. Und wenn der eine oder andere Leser etwas

Neues für sich entdeckt oder etwas Verlorenes oder Verdrängtes wiederentdeckt, so freut es mich umso mehr und das Buch hat seinen Zweck erreicht.

Eine abschließende Bemerkung: Dieses Buch richtet sich gleichermaßen an weibliche, wie an männliche Führungskräfte. Der einfachen Lesbarkeit halber, werden jedoch nur die männlichen Bezeichnungen verwendet.

Ich wünsche Ihnen eine interessante Entdeckungsreise und viel Freude bei der Lektüre.

Hückelhoven,   *Jorge Klapproth*
im Februar 2015

Einleitung

Erfolg? Was bedeutet eigentlich Erfolg? Das ist sicherlich für jeden von uns verschieden. Es gibt sportliche Erfolge, Erfolg in der Schule oder dem Studium, Erfolg im Berufsalltag oder im Privaten. Diese Liste ließe sich wohl noch unendlich fortführen.

Im vorliegenden Buch geht es um Erfolg in der Kommunikation. Denn die ist für Führungskräfte jeder Hierarchieebene unabdingbar! Und mit dem Erfolg in der Kommunikation, stellt sich auch der Erfolg in den angestrebten Zielen ein.

Führungskräfte müssen überall kommunizieren – mit Mitarbeitern, Vorgesetzten, Kunden, Journalisten, Lieferanten, der Öffentlichkeit oder mit Behörden. Kurz – sie müssen auf allen Ebenen überzeugen. Dies gelingt nur durch eine gute und wirkungsvolle Kommunikation.

Kommunikation bedeutet Verständigung. An sich ganz einfach. Und doch so komplex. Denn in unserer Berufswelt ist Kommunikation mehr als nur Verständigung. Sie ist ein strategisches Instrument der Zweckerreichung und damit ein persönlicher und beruflicher Erfolgsfaktor.

Wer hat sich nach wichtigen Gesprächen nicht schon einmal gefragt: „Bin ich verstanden worden? Habe ich mein Gegenüber auch erreicht?" Nicht selten finden wir darauf keine oder eine negative Antwort. Vor allem dann, wenn ein Gespräch nicht so gut verlaufen ist. Doch warum funktionieren manche Gespräche nicht?

Wer andere Menschen überzeugen und für seine Ideen und Ziele gewinnen will, sollte die verbalen und nonverbalen Regeln der Gesprächsführung beherrschen. Verbunden mit einer eindeutigen Botschaft, sorgt ein zielgerichtetes Gespräch für Glaubwürdigkeit und Vertrauen.

Schon der antike griechische Philosoph Aristoteles hat vor etwa 2500 Jahren festgestellt, dass drei Faktoren notwendig sind, um Menschen zu überzeugen: Kompetenz, Sympathie und Glaubwürdigkeit.

In jeder Gesprächssituation gilt: Für den ersten Eindruck gibt es keine zweite Chance! Egal, ob im persönlichen Gespräch mit Mitarbeitern und Kunden, mit Kollegen, bei einer Präsentation oder einer Betriebsversammlung: Die Grundlagen der Kommunikation sind überall die Gleichen.

Wie Menschen miteinander reden, entscheidet oft über den Erfolg oder Misserfolg von Gesprächssituationen. Schlussendlich entscheiden nicht Zahlen, Daten und Fakten als reine Wissensvermittlung, sondern der Eindruck, den der Gesprächspartner hinterlässt. Und dieser Eindruck ist am Ende meistens positiv oder negativ. Manchmal aber auch neutral. Insbesondere dann, wenn man im Gespräch noch nicht überzeugt hat, es aber noch Ansätze für einen positiven Ausgang gibt.

Es geht darum, Glaubwürdigkeit zu erzeugen. Denn Glaubwürdigkeit schafft Vertrauen - und Vertrauen ist die Basis für eine gute Zusammenarbeit.

Doch wie erzeugt man Glaubwürdigkeit?

Glaubwürdigkeit und Vertrauen sind weiche Faktoren und werden auf der emotionalen Ebene gewonnen. Wer die Menschen emotional nicht erreicht, kann auch mit Zahlen, Daten, Fakten und noch so guten Argumenten nicht überzeugen. Man glaubt ihm schlichtweg nicht. Aus diesem Grunde ist es bei jedem Gespräch wichtig, eine klare Beziehung zum Gesprächspartner herzustellen.

Der deutsche Kommunikationswissenschaftler und Psychologe, Friedemann Schulz von Thun, hat das sogenannte „Vier-Ohren-Modell" entwickelt, nach dem jeder Mensch auf vier verschiedenen Ebenen zuhört. Dieses Modell ist auch unter dem Namen „Vier-Seiten-Modell" bekannt. Schulz von Thun spricht hierbei von „vier Seiten einer Nachricht". Diese vier Seiten finden sich beim Sprechen und beim Zuhören. Wie funktioniert dieses Modell?

Bei jedem Gespräch fährt der Empfänger der Nachricht, wie Schulz von Thun es formuliert, sozusagen vier verschiedene „Antennen" aus, mit denen er das Gesagte überprüft. Er hört gleichsam mit vier verschiedenen Ohren zu. Wenn nur eine der vier Antennen eine Störung vermerkt, so ist das Gespräch bereits disharmonisch.

Es kommt also darauf an, dass zu Beginn eines Gesprächs eine eindeutige Beziehung zwischen den Gesprächspartnern hergestellt wird. Dies kann eine partnerschaftliche Beziehung auf Augenhöhe, ein Vorgesetzten-Untergebenen-Verhältnis oder ein formales Verhältnis zwischen Menschen, ohne weitere Berührungspunkte sein. Die Gesprächspartner legen durch ihr Verhalten und ihre Äußerungen zu Beginn eines Gesprächs fest, welche Beziehung gepflegt werden soll: Distanziert, freundlich, partnerschaftlich usw. Diese Festlegung bestimmt zu einem hohen Maße den Verlauf oder den Erfolg eines Gesprächs und jeder Kommunikation.

Das Gespräch ist dabei das stärkste aller Kommunikationsmittel. Es wirkt unmittelbar auf die Gesprächspartner und spielt deshalb die herausragende Rolle im Tagesgeschäft und bei strategischen Entscheidungen.

Welches sind denn die Wirkungsmechanismen erfolgreicher Gesprächsführung?

In kritischen Gesprächssituationen, im Gespräch mit Journalisten oder dem Auftritt vor Publikum zu bestehen, ist keine schwarze Kunst, sondern solides Handwerk - und das kann man lernen! Denn beherrscht man die Grundregeln der Kommunikation, kann man die Wirkung lenken und somit seine gewünschten Ziele erreichen.

Im Nachfolgenden wollen wir uns mit Lösungsmöglichkeiten für eine zielgerichtete und wirkungsvolle Kommunikation auseinandersetzen.

Kapitel 1

Etwas Kommunikationspsychologie

Globale Kommunikationsströme

Kommunikation ist ein hochkomplexes Gebilde, das den Menschen über alle Bewusstseinsebenen erreicht. Milliarden von Kommunikationsströmen fließen permanent auf dem Erdball in alle Richtungen. Viele dieser Ströme treffen ungefiltert auf den Menschen, um ihn zu beeinflussen, zu informieren, zu umwerben, zu Taten zu bewegen oder zum Kauf eines bestimmten Produktes zu animieren. Wir sind ständig irgendwelchen Kommunikationsströmen ausgesetzt. Im Büro, zu Hause, beim Autofahren, in der Schule, vor dem Fernsehgerät – kurz immer und überall. Selbst wenn wir alleine sind, lesen wir vielleicht ein Buch, machen uns Gedanken oder unterhalten uns mit uns selber. Auch im Schlaf hört unser Gehirn nicht auf zu funktionieren und produziert weiterhin vermeintlich unsortierte Gedankenströme, die uns als Träume manchmal in Erinnerung kommen.

Diese Informationsflut muss gefiltert und gebündelt werden, wollen wir diesem „Information-overflow", also dem „zu viel" an Informationen, das auf uns einströmt, nicht erliegen und geistig zusammenbrechen. Manchmal gelingt dies nicht und die Betroffenen erleiden tatsächlich einen Nervenzusammenbruch, weil vielleicht in diesem Augenblick das gefühlte

Stressmoment zu groß ist und der Körper eine geistige Erholung braucht. In solchen Situationen wird dann sozusagen der geistige „Notausschalter" betätigt, um den Menschen vor noch größerem Schaden zu bewahren.

Abb. 1: Kommunikationsströme

Wenn aber alles gut funktioniert, besitzen wir Menschen einige Schutzfunktionen. Sie helfen uns, das Wichtige von dem Unwichtigen, das Lebensnotwendige von dem Nicht-so-vitalen und das In-unserem-Interessenbereich-liegende von dem Uninteressanten zu trennen.

Wir alle unterliegen einer subjektiven und selektiven Wahrnehmung unserer Umwelt. Das führt dazu, dass wir nicht alles mit gleicher Intensität wahrnehmen. Wenn ich mich zum Beispiel für ein neues Auto interessiere, sagen wir

Bild fotolia.de

einen schwarzen Golf, so stelle ich vielleicht wie nie zuvor fest, wie viele schwarze Golf-Fahrzeuge über unsere Straßen brausen. Ein weiteres Beispiel: Wenn Frauen schwanger sind, so achten sie automatisch auf alles in Ihrer Umwelt, was mit kleinen Kindern zusammenhängt. Sie sind auf dieses Thema „programmiert".

Diese subjektive und selektive Wahrnehmung gilt auch für andere Bereiche, wie z.B. die Stimmung, Veranlagung, Interessensgebiete, Fachwissen, Allgemeinbildung, Geschlecht, kulturelle Herkunft und so weiter. Diese eingebauten Filter helfen uns, die immense Informationsflut zu bändigen und in die richtigen Kanäle zu bringen.

In Gesprächen kommt es nun darauf an, den richtigen Interessenkanal als Zugang zu meinem Gesprächspartner zu finden. Denn, wenn wir den nicht finden und im Filtersystem unseres Gegenübers hängenbleiben, müssen wir uns fragen:

„Warum werde ich nicht verstanden?"

Kommunikationsfähigkeit für Führungskräfte

Was bedeutet „Kommunikationsfähigkeit", als Kernkompetenz für Führungskräfte?

Wollen wir uns zunächst mit dem Begriff der Kommunikation selbst auseinandersetzen. Das Wort stammt aus dem lateinischen „Communicare" und bedeutet so viel wie „teilen, mitteilen, teilnehmen lassen oder gemeinsam machen".

In diesem Wortstamm steckt auch der heutige Begriff „Kommune", als Bedeutung für eine politische Sozialgemeinschaft einer Stadt oder Gemeinde. Oder das Wort „Kommunismus", als Lebensform von Volksgemeinschaften. Insofern steht das Wort „Kommunikation" für etwas gemeinsames, für etwas, dass man teilt oder *mit*teilt.

Abb. 2: Das Gespräch

Um Vertrauen zu erlangen, müssen wir als soziale Wesen kommunizieren. Wir sind darauf angewiesen, in der Gemeinschaft und der Gesellschaft zu bestehen. Niemand kann völlig alleine sein – deshalb sind wir gezwungen zu kommunizieren. Im Privaten, wie im Berufsalltag oder dem Geschäftsleben.

Gute Kommunikation ist die Lebensader jeder Organisation, jeder Firma, jeder Gemeinschaft. Deshalb sind die Kommunikationsfähigkeiten eines Menschen sehr bestimmend, wie erfolgreich er innerhalb dieser Organisation sein wird. Wie gut wir Botschaften, Nachrichten und Gefühle senden, aber auch empfangen können, bestimmt in hohem Maße unsere Leistungen in der Berufs- und Arbeitswelt.

Für Führungskräfte ist eine gute Kommunikationsfähigkeit eine Schlüsselqualifikation. Denn Führungskräfte müssen ihre Mitarbeiter und Kollegen, ihre Vorgesetzten, ihre Kunden und womöglich auch die Öffentlichkeit überzeugen. Sie sollen Einsichten wecken, mitnehmen, inspirieren, Vorbild sein, Schwächen minimieren und Stärken fördern – kurz: Sie müssen auf allen Ebenen überzeugend sein. Die Glaubwürdigkeit spielt hierbei eine große Rolle, um das notwendige

Bild Ruth Klapproth

Vertrauen der Menschen, mit denen sie umgehen, zu gewinnen. Das geht nur mit einer guten und wirkungsvollen Kommunikation!

Der strategische Ansatz

Abb. 3: Strategie

Warum funktionieren viele Gespräche nicht? Und wie kann man wirkungsvoll kommunizieren?

Mit diesen beiden Fragen wollen wir uns zunächst auseinandersetzen.

Kommunikation ist weit mehr, als nur eine Art Verständigung oder Informationsvermittlung zwischen Menschen.

Bild Ruth Klapproth

21

Sie ist ein Instrument. Ein strategisches Instrument der Zweckerreichung. Und damit ist sie für jeden ein persönlicher Erfolgsfaktor.

Kommunikation als Steuerungsinstrument

Zielgerichtet eingesetzt, soll Kommunikation vor allem die weichen Faktoren bedienen und beeinflussen: Verständnis wecken, Akzeptanzen fördern, Ängste abbauen, oder Unterstützung für eigene Ideen und Planungen organisieren. Kommunikation dient damit als Steuerungsinstrument, um auf die Meinungsbildung bei Zielgruppen einzuwirken. Strategisch eingesetzt, kann sie ihre Wirkung voll entfalten und produziert das gewünschte Ergebnis. Es ist wichtig, sich der Wirkung der eigenen Kommunikation stets bewusst zu sein und sie als Instrument der Zweckerreichung zu verwenden.

Nun kommt es natürlich auf das Ziel an, welche Form der Kommunikation wir einsetzten. Das kann naturgemäß sehr unterschiedlich sein. Es geht bei der strategischen Kommunikation also darum, *wie* wir kommunizieren, damit wir unsere Ziele erreichen.

Kommunikation dient als Steuerungsinstrument, um auf die Meinungsbildung bei Zielgruppen einzuwirken.

Formen der Kommunikation

Verbale und nonverbale Kommunikation

Der Kommunikationswissenschaftler Paul Watzlawick sagte: „Man kann nicht *nicht* kommunizieren." Das heißt, jede Form der Reaktion, auch die Nichtreaktion, ist Kommunikation und hat eine bestimmte Aussagekraft. Wir unterscheiden vor allem zwischen der verbalen und nonverbalen Form der Kommunikation. Zur verbalen Kommunikation gehört alles Gesprochene und Geschriebene. Also Dinge, die man in Worten ausdrücken kann. Die nonverbale Kommunikation hingegen beschreibt alle anderen Arten des Ausdrucks: Mimik, Gestik, Geräusche und alle Reaktions- oder Nichtreaktionsmöglichkeiten, außer dem gesprochenen oder geschriebenen Wort.

Das Gespräch ist aber das stärkste und unmittelbarste Kommunikationsmittel. Denn mit einem Gespräch erreichen wir unser Gegenüber am ehesten auf der sachlichen *und* auf der emotionalen Ebene. Und dies ist häufig die Voraussetzung, um unsere Ziele zu erreichen.

Man kann nicht *nicht* kommunizieren.

Störfaktoren in der Kommunikation

Wir haben es Eingangs festgestellt: Manchmal funktioniert ein vielleicht wichtiges Gespräch nicht. Wir können uns bemühen, wie wir wollen: Es gelingt dann einfach nicht, den „Draht" zu unserem Gegenüber aufzubauen. Es ist dann wie verhext. Egal, was wir anstellen oder wie gut wir glauben zu kommunizieren – es funktioniert nicht!

Woran liegt das?

Was sind häufige Störfaktoren in einem Gespräch?

Schauen wir uns hierzu einige Beispiele an.

Störfaktor 1:

Kommunikation funktioniert nicht immer

Eines der Hauptprobleme
in der Kommunikation besteht darin,
dass man glaubt, dass sie funktioniert!

Dieser Störfaktor in der Kommunikation beschreibt die häufig fehlende Rückkopplung eines Gesprächspartners, ob er denn auch verstanden wird. Nicht nur im physikalischen Sinn, ob er akustisch zu verstehen ist. Vielmehr sollte es von höchstem Interesse sein, ob bei dem Gegenüber die eigene Botschaft auch intellektuell verarbeitet werden kann.

Wenn das nicht der Fall ist, so kann das viele Ursachen haben: Zum Beispiel das verwendete Vokabular, fehlendes Fachwissen, ein anderer kultureller Hintergrund oder auch ein mangelnder Sprachschatz.

Was auch immer die Ursache ist: ohne Rückkopplung ob man verstanden wird, läuft jedes Gespräch, strategisch gesehen, Gefahr, wertlos zu sein. Wir wissen dann einfach nicht, ob die Kommunikation in diesem Augenblick funktioniert.

Wie kann man solch eine Rückkopplung erreichen?

Bei der Bundeswehr gab es lange die gute Tradition, dass ein vom Vorgesetzten gegebener Befehl an einen unterstellten Soldaten von diesem dem Sinn nach wiederholt werden musste. So konnte der Vorgesetzte sicher sein, dass der Untergebene anschließend auch richtig und befehlsgemäß handelte. Auch bei der Bundeswehr hat sich einiges geändert. Diese strikte und formale Form der Wiederholung eines mündlich erteilten Befehls findet nur noch selten Anwendung. Im Gegensatz zu früher findet Kommunikation ja nicht mehr einseitig statt, sondern vielmehr im Dialog.

Im zivilen, genau wie im militärischen Umfeld, *bespricht* man eher Arbeitsaufträge mit seinen Mitarbeitern und kann somit Unklarheiten für die Aufgabenerledigung sofort beseitigen. Durch geschickte Fragestellung zur Umsetzung des Besprochenen, erfährt der Vorgesetzte, ob er nicht nur akustisch, sondern auch sinngemäß verstanden wurde, ohne dass der Mitarbeiter das negative Gefühl hat, überprüft zu werden.

Das Gleiche gilt für strategisch angelegte Gespräche: Führen Sie zu Ihren Äußerungen einen Dialog mit Ihrem Gesprächspartner und stellen Sie Fragen. So erfahren Sie, ob Ihre Botschaft angekommen ist.

Sie können zum Beispiel den Mitarbeiter, dem Sie gerade eine Aufgabe übertragen haben, fragen:

„Was schätzen Sie: Wie viel Zeit werden Sie zur Umsetzung benötigen?

Haben Sie alles, was Sie brauchen?"

Diese Fragen signalisieren Wertschätzung und Vertrauen. Gleichzeitig geben Ihnen die Antworten Rückschlüsse auf das Verständnis des Mitarbeiters zur Umsetzung der Aufgabe.

Störfaktor 2:

Das „Ich" in uns

„Ich"

Streben des Menschen nach Anerkennung.

Eine wesentliche Stör-Komponente wirkungsvoller Kommunikation ist das eigene „Ich". Der Mensch steht sich selbst hundertmal näher, als seiner Umwelt.

So sind die eigenen Probleme meistens wichtiger, als ein Erdbeben im fernen China oder das Ozonloch über der Antarktis. Auch die Bedürfnislage des Gesprächspartners verschwindet häufig hinter den eigenen Interessen. Das führt dann dazu, dass beide Gesprächspartner von ihren eigenen wichtigen Dingen sprechen, aber keiner der beiden auf den anderen richtig eingeht. Ein funktionierendes Gespräch kommt so nur schwer zustande. Es werden zwar Informationen ausgetauscht – diese fallen aber nicht auf fruchtbaren Boden. Denn die „weichen Ziele" in der Kommunikation können so nicht erreicht werden: z.B. Überzeugen, Verständnis wecken, Vorbehalte abbauen usw.

Welches strategische Ziel soll denn erreicht werden, wenn ein Gesprächspartner nur von sich selbst spricht oder, im schlimmsten Fall, sogar beide nur von ihren eigenen Themen sprechen?

Gespräche sollten immer auf „Augenhöhe" stattfinden. Das bedeutet, dass man dem Gesprächspartner immer wertschätzend gegenüber tritt. Auch, wenn man einmal unterschiedlicher Meinung ist. Wichtig ist, das eigene Streben nach Anerkennung etwas zurück zu stellen und dem Gesprächspartner, im Sinne des ausgewogenen Dialogs, auch Aufmerksamkeit für dessen Argumente und Gedankenansätze zu schenken.

Denn nur so können wir sicherstellen, dass unser Gesprächspartner nicht abschaltet oder von uns, wegen der eigenen Selbstbezogenheit, einen negativen Eindruck erhält. Denn dies würde sich auf den Verlauf des aktuellen Dialogs und auf zukünftige Gespräche entsprechend negativ auswirken. Damit sind wir auch bei

Störfaktor 3:

Verdrängte Tugend - das Zuhören

Die Ich-Bezogenheit führt auch häufig dazu, dass man dem Gesprächspartner nicht richtig zuhört. Im mangelnden Zuhören liegt ein Riesenproblem!

Denn unser Gegenüber spürt es im Unterbewusstsein, wenn wir gedanklich nicht bei ihm sind. Ein Gespräch kann sehr schnell beendet sein, wenn einer der beiden Gesprächspartner das Gefühl hat, das der andere sich nicht die Mühe macht, ihm wirklich aufmerksam zuzuhören. Denn dann wird die Beziehung schnell gestört, wenn einer der beiden Gesprächspartner sich nicht seinem Anspruch entsprechend wahrgenommen fühlt. Wollen wir das verhindern, so müssen wir dem Gesprächspartner die entsprechende Wertschätzung durch Aufmerksamkeit gegenüber ihm und seinem Thema aufbringen.

Woran liegt das eigentlich, dass wir im Gespräch manchmal nicht ganz bei der Sache sind?

Wussten Sie, dass das menschliche Gehirn pro Minute etwa 450 Wörter verarbeiten kann?

Hör! - Mir! - Zu!

Verdrängte Tugend: Das Zuhören.

Wir sprechen hingegen aber nur mit einer Geschwindigkeit von etwa 175 Wörtern je Minute. Wir denken etwa dreimal schneller, als wir formulieren und sprechen können. Das heißt, dass unser Gegenüber langsamer formuliert, als wir den Gedankengang erfassen und nachvollziehen können. Das führt dazu, dass unsere Gedanken beim Zuhören regelmäßig entweder abschweifen oder wir „vorausdenken", wie der Satz des Gegenübers sich entwickeln wird.

Wir denken dann zum Beispiel: „Ich weiß, was Du sagen willst. Komm endlich zum Punkt." Oder wir denken an den nächsten Termin in der „freien Kapazität" von etwa 275 Wörtern je Minute. Vielleicht freuen wir uns aber auch schon auf das Bier am Feierabend oder die nächste Golfrunde.

Wie dem auch sei: Unser Gesprächspartner bekommt es mindestens unterschwellig mit, wenn wir nicht bei ihm sind.

Die Folge ist eine drohende Beziehungsstörung, denn er fühlt sich womöglich nicht genügend wertgeschätzt von seinem Gegenüber.

Bewusstes und aktives Zuhören

Eine wesentliche Komponente wirkungsvoller Kommunikation ist das *bewusste* und das *aktive* Zuhören!

Das *bewusste Zuhören* bedeutet, sich selbst immer wieder, wenn sich abschweifende Gedanken breit machen, zu ermahnen, gedanklich beim Gesprächspartner zu bleiben und sich voll auf das Gespräch zu konzentrieren.

Das aktive Zuhören bedeutet, dem Gesprächspartner auch zu signalisieren, dass man bei ihm ist. Zum Beispiel durch eine Nachfrage oder durch ein Kopfnicken, oder durch Anbringen eines Beispiels aus eigener Erfahrung zu den Ausführungen des Gegenübers.

Konzentrieren wir uns auf unseren Gesprächspartner und geben ihm damit das Gefühl, dass er ernst genommen wird. Das Ziel sollte es sein, herauszubekommen, was er wirklich meint, was ihm wichtig ist oder warum er etwas tut. Das hilft Ihnen auch in der eigenen Argumentation. Das Zauberwort in diesem Zusammenhang heißt:

Empathie

Fühlen Sie sich in Ihren Gesprächspartner ein. Bleiben Sie gedanklich bei ihm. Das spürt Ihr Gegenüber und nimmt es positiv auf – damit ist der erste Schritt für ein erfolgreiches und in unserem Sinne wirkungsvolles Gespräch getan.

Kapitel 2

Der Aufbau von Vertrauen

Elementarteilchen der Kommunikation

Das Schaffen von Vertrauen

Dreh und Angelpunkt von wirkungsvoller Kommunikation ist das Schaffen von Vertrauen. Man stelle sich einmal vor, die Menschen würden sich einander nicht mehr vertrauen. Also – alle Menschen. Keiner vertraut niemandem. Der Fahrgast dem Taxifahrer nicht mehr, dass er sein Auto auch unfallfrei bewegen kann. Der Patient dem Chirurgen nicht mehr, dass dieser ihn gut operiert. Der Autokäufer dem Händler nicht mehr, dass er gute Ware bekommt oder der Chef dem Angestellten nicht mehr, dass dieser auch im Sinne des Unternehmens handelt. Diese Liste ließe sich beliebig fortführen, je mehr man darüber nachdenkt.

Unsere Gesellschaft wäre nicht überlebensfähig, wenn wir einander nicht mehr vertrauten. Denn nur, wenn ein Mindestmaß an Grundvertrauen in andere Menschen existiert, sind wir bereit loszulassen und anderen Menschen Glauben zu schenken. Glauben, dass der andere uns nicht übers Ohr haut. Glauben, dass der andere unsere körperliche Sicherheit gewährleistet. Glauben, dass andere Menschen vielleicht besseres, anderes oder mehr Wissen besitzen und dieses auch nutzbringend einsetzen.

Wirkungsvolle Kommunikation schafft Vertrauen.

Vertrauen, so sagt man, ist die Basis von allem. Denn ohne das notwendige Vertrauen, funktioniert gar nichts. Wir leben in einer Gesellschaft, in der die Menschen aufeinander angewiesen sind. Auf den Ehepartner, den Polizisten, den Rechtsanwalt, den Feuerwehrmann – auf jeden, der etwas kann, was man selber nicht zustande bringt. Schon gar nicht in Notsituationen. Wenn wir nicht vertrauen, so gehen wir jämmerlich unter.

Doch woher weiß ich, wem ich vertrauen kann? Blindes Vertrauen führt möglicherweise ebenso ins Verderben, wie permanentes Misstrauen allem und jedem gegenüber. Also ist es für uns wichtig herauszufinden, wann wir wem vertrauen können. Übrigens die Begriffe *An-vertrauen* und *sich etwas trauen, jemandem etwas zutrauen* oder die *Trauung vor dem Standesbeamten* haben ebenso mit dem notwendigen Vertrauen zu tun.

Das gewonnene Vertrauen lenkt unser Denken und Handeln. Haben wir uns einmal entschlossen, jemandem zu vertrauen, so richten wir unser Handeln danach aus und besteigen zum Beispiel ein Flugzeug. Ich vertraue also dem Piloten mein Leben an und traue ihm zu, dass er die Maschine heil in die Luft und am Bestimmungsort auch wieder heil auf den Boden bringt, obwohl ich den Flugkapitän noch nie in meinem Leben gesehen habe.

Doch wie gewinnt man Vertrauen? Aus den Beispielen haben wir gesehen, dass viele, ja sogar die meisten Berufe gar nicht ausgeübt werden können, wenn man nicht das Vertrauen der Menschen genießt, für die man arbeitet. Ich gehe über keine Brücke, von der ich nicht glaube, dass die Ingenieure gute Arbeit geleistet haben und die Brücke auch sicher ist. Ich vertraue also der Ingenieurskunst der Brückenbauer, dass sie ihr Handwerk beherrschen.

Was erschüttert manchmal das Vertrauen in andere Menschen? Würden Sie einem Piloten vertrauen, der stockbetrunken ins Cockpit wankt und nur noch lallt, dass er alles im Griff habe und dass er das Passagierflugzeug schon sicher bewegen werde? Vermutlich nicht. Sie würden aus dem Flugzeug aussteigen und sich bei der Airline beschweren, dass ihr Pilot augenscheinlich nicht flugfähig wäre.

Wann kommen also Zweifel in uns auf? Kann uns, in dem beschriebenen Zustand, der Flugkapitän glaubhaft vermitteln, dass er noch flugfähig ist? Wohl kaum.

> Willst Du überzeugen,
> so musst Du Vertrauen gewinnen,
> denn Vertrauen ist die Basis von allem.

Eine Frage der Glaubwürdigkeit

Es ist also eine Frage der Glaubwürdigkeit, ob wir einem anderen Menschen vertrauen können. Wer nicht glaubwürdig ist, dem gelingt es nicht, das Vertrauen der Menschen zu bekommen. Wer zum Beispiel etwas anderes sagt, als er tut, dem glaubt man nicht und sei er noch so sympathisch. Die Redensart „Wasser predigen, aber Wein saufen" beschreibt dieses Verhalten recht gut. Denn hier prallen Anspruch und Wirklichkeit aufeinander.

Existiert eine Schere zwischen unserem Sprechen und unserem Handeln, so wirken wir nicht glaubwürdig. Uns wird schlicht und einfach nicht geglaubt. So ist es unglaubwürdig von Priestern, die körperliche Enthaltsamkeit zu predigen und heimlich ein ausschweifendes Leben zu führen. Es ist unglaubwürdig für einen Sozialisten, Reichtümer anzuhäufen. Es ist unglaubwürdig für einen Opel-Händler vom Opel als dem besten Auto aller Zeiten zu schwärmen, um Kunden von der (durchaus guten) Qualität dieser Fahrzeuge zu überzeugen, aber selbst einen Mercedes zu fahren.

Wir tun uns schwer, solche offensichtlichen Widersprüche zu ignorieren und darüber hinwegzusehen. Um Vertrauen zu bekommen, müssen wir also glaubwürdig sein. Unser Handeln darf nicht im Widerspruch zu unseren eigenen Worten und zu der Erwartungshaltung unserer Umwelt stehen. Jedenfalls nicht, wenn wir diese Erwartungshaltung selbst hervorgerufen haben.

Die Masterfrage ist nun: Was macht uns glaubwürdig? Wie gelingt es uns, Glaubwürdigkeit bei unserer Zielgruppe, also bei den Menschen, an die wir uns richten, zu erzeugen?

Sie ahnen es schon – man muss etwas dafür tun. Denn von selbst strahlt man noch keine Glaubwürdigkeit aus. Vertrauen muss man sich erarbeiten. Und vor dem Vertrauensvorschuss steht die Glaubwürdigkeitsprüfung! Wessen Handeln nicht plausibel, also nachvollziehbar und logisch ist, dem gelingt es nicht, uns zu überzeugen. Wir müssen also Botschaften senden, die dem anderen plausibel macht, dass er uns Glauben schenken kann. Erzwingen kann man das nicht. Darum heißt es ja: Glauben „schenken" und nicht Glauben „erzwingen".

Wollen wir andere Menschen von unseren Zielen und Vorstellungen oder Motiven überzeugen, kurz, wollen wir sie „mitnehmen", so müssen wir überzeugen. Nicht überreden. Das geht nur durch bewusstes Senden von zielgerichteten, positiven Signalen. Das nennt man *strategische Kommunikation*. Es gilt für Unternehmen, wie für einzelne Personen.

Um Vertrauen zu gewinnen, musst Du glaubwürdig sein.

Im ersten Kapitel dieses Buches sprachen wir über die verbalen und nonverbalen Formen der Kommunikation. Der österreichische Kommunikationswissenschaftler Paul Watzlawick (1921-2007) hat Grundsätze zur Kommunikationspsychologie, sogenannte Axiome, entwickelt.

Wie bereits zitiert, heißt sein erstes Axiom: „Man kann nicht *nicht* kommunizieren". Als soziale Wesen ist es in unserer menschlichen Gesellschaft nicht möglich, sich dem Umgang mit dem anderen und der Kommunikation als solcher, zu entziehen. Dort, wo es geschieht, oder erzwungen wird, tritt der „soziale Tod" ein. Im Extremfall, das haben Versuche aus früherer Zeit gezeigt, auch der physische Tod.

Das heißt in der Einzelsituation aber auch: Wir kommunizieren ständig. Auch wenn wir nichts tun. Eine Frau, die im Wartezimmer eines Arztes nur auf den Boden starrt und keine Gespräche mit den anderen Wartenden führt oder auch nur Blickkontakt hält, kommuniziert auch. Sie drückt mit ihrem

Verhalten aus: „Ich will nicht mit Euch kommunizieren."
Dennoch tut sie es. Denn wir senden permanent Signale in unsere Umwelt, die
von dieser gedeutet wird. Ob wir wollen oder nicht. Wie wir
uns anziehen, welches Auto wir fahren, mit wem wir zum
Mittagstisch in der Bürogemeinschaft gehen oder wen wir eines Blickes würdigen oder nicht – das sind alles nonverbale
Signale, die gedeutet werden können.

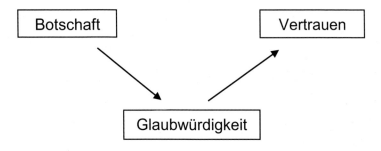

Abb. 4: Klare Botschaften schaffen Vertrauen

Dies kann man beabsichtigt oder unbeabsichtigt tun. Manchmal wird man auch falsch gedeutet und sendet vielleicht, ohne
es zu wollen, Signale der Provokation:

> „Die ist aber arrogant – die schaut mich gar nicht an."
> oder „Der fühlt sich wohl als etwas Besseres – läuft
> immer im Anzug herum.", „Warum geht er mit dem
> Abteilungsleiter zum Mittagstisch? - Will er sich von
> uns abgrenzen?"

Wir befinden uns in einer ständigen Interaktion mit unserer
Umwelt – bewusst oder unbewusst. Wollen wir einen bestimmten Eindruck von uns vermitteln, also eine konkrete
Botschaft an unsere Umwelt senden, so müssen wir uns unserer Wirkung bewusst sein und aktiv danach handeln.

Wir haben festgestellt, dass Vertrauen von der Glaubwürdigkeit und Glaubwürdigkeit von der Wahrnehmung durch Dritte bestimmt werden. Zur Steuerung dieser Wahrnehmung müssen wir klare Botschaften senden, wollen wir nicht missverstanden werden. Diese Botschaften müssen in der Summe übereinstimmend sein, sollen sie ihre Wirkung entfalten. So gehört zu einem erfolgreichen Geschäftsmann auch ein bestimmter Autotyp, der Signale an seine Kunden, aber vielleicht auch an seine Mitarbeiter enthält.

Fährt zum Beispiel der Unternehmensberater bei einem Kundentermin mit einem Oberklassefahrzeug vor, sagt sich der Kunde vielleicht:

„Den teuren Jaguar bezahle ich doch nicht – den Angebotspreis für die Beratung müssen wir kräftig drücken!"

Fährt er mit einer rostigen Ente aus den siebziger Jahren vor, so denkt sich der Kunde:

„Du willst erfolgreicher Unternehmensberater sein und kannst Dir noch nicht einmal ein vernünftiges Auto leisten? Nie und nimmer vertraue ich Deinem Rat!"

Von den eigenen Mitarbeitern wird ein zu großes Auto des Firmenchefs möglicherweise als Bereitschaft zur Ausbeutung der Angestellten gewertet. Vor allem, wenn die Löhne und Gehälter, mit Hinweis auf eine schwierige wirtschaftliche Lage des Unternehmens, gering sind. Hier ist Sensibilität des Chefs in der Wahl seines Fahrzeuges gefordert.

In allen beschriebenen Fällen wird nonverbal kommuniziert. Unser Unternehmer wäre also gut beraten, wenn er keine für ihn ungünstigen Unterstellungen provoziert und vielleicht einen gehobenen Mittelklassewagen fährt (zumindest bei Geschäftsterminen).

Doch wie verhält es sich mit dem gesprochenen Wort?

Das Senden klarer Botschaften

Das Gespräch ist, wie wir in der Einleitung bereits festgestellt haben, das stärkste Kommunikationsmittel und spielt deshalb die herausragende Rolle bei jeder Art von Kommunikation. Es wirkt unmittelbar und erzeugt eine nachhaltige Wirkung. Denn im gesprochenen Wort liegt viel mehr, als nur die reine Sachinformation.

Wer Meinungen bilden oder beeinflussen will, wer andere Menschen von seinen Ideen und Zielen überzeugen will, wer Glaubwürdigkeit vermitteln und Vertrauen gewinnen will, der muss klare und eindeutige Botschaften senden, damit er auch verstanden wird.

Das gilt gleichermaßen für den Lehrer an seine Schüler, für die Mutter an ihre Kinder, für den Chef an seine Mitarbeiter, für den Offizier an seine Soldaten und für den Unternehmer an seine Kunden.

Nur wer in der Lage ist, klare Botschaften zu senden, wird nicht missverstanden und erreicht über eine wirkungsvolle Kommunikation seine Ziele.

> **Glaubwürdigkeit erreichen wir mit klaren und unmissverständlichen Botschaften.**

Die Qualität der Botschaften bestimmt dabei die Glaubwürdigkeit. Denn Botschaften müssen überzeugen. Sie sind das, was idealerweise an Eindrücken und Informationen nach einem Gespräch hängenbleibt.

Beispiele für Botschaften:

- Kompetenz-Botschaft,
- Ich-Botschaft,
- Mitleid,
- Ziele,
- Grundsätze,
- Meilensteine usw.

Der Mensch reduziert alles aufs Einfache

Kennen Sie die alten Western, in denen das Gute gegen das Böse kämpft und am Ende immer das Gute gewinnt?

Da reiten Horden von Cowboys durch die Prärie und prügeln sich in dunklen Saloons. Da stehen sich im entscheidenden Duell zwei finster drein blickende Männer in etwa 20 Metern Entfernung gegenüber und schießen sich gleich tot. Der eine guckt etwas finsterer als der andere, sieht etwas ramponiert aus und hat einen Goldzahn oder eine Zahnlücke – er trägt einen schwarzen Hut. Das ist der Bösewicht. Der andere ist der Gute, kämpft für die Ideale der Menschheit und trägt einen weißen Hut (meistens leicht verstaubt).

Zugegeben, die Filmemacher wollen uns, den Zuschauern, mit diesen stereotypen Darstellungen das Leben etwas einfacher machen und gleich signalisieren, auf welcher Seite wir zu stehen haben – auf der Guten.

Erinnern Sie sich noch an „die dunkle Seite der Macht"? 1977 kam mit dem Epos „Krieg der Sterne" auch die dunkle Figur des „Darth Vader", ganz in Schwarz gekleidet, auf die Leinwand und lehrte uns das Fürchten. Ich bin damals mit meinem Vater, einem großen Science-Fiction-Fan, ins Kino gegangen und war ganz schön beeindruckt von dieser Figur, obwohl man eigentlich gar nichts gesehen hat, außer der schwarzen Maske und dem schwarzen Umhang. Auch die Soldaten des Imperiums, die gegen die freiheitsliebenden Rebellensoldaten kämpften, hatten schwarze Uniformen. So wusste man immer, wer der Böse ist.

Dem Zuschauer wird es also leicht gemacht, zwischen dem Guten und dem Bösen zu unterscheiden. Das entspricht auch dem menschlichen Denken. Nur das es im wahren Leben keine Kennzeichnung nach Gut oder Böse gibt. Der Mensch braucht jedoch eine Orientierung für sein Grundbedürfnis nach Sicherheit. Um sich rasch ein Bild von einer unübersichtlichen Situation zu machen, schaltet der Mensch seine eingebaute „Freund-Feind-Erkennung" an und sortiert seine Umwelt in für ihn positive und negative Einflüsse. Dieses archaische Verhalten geht blitzschnell, denn davon hing in Urzeiten möglicherweise das Überleben des Jägers in der Steinzeit ab. Ist das große Tier, das plötzlich vor mir auftaucht, ein harmloser Pflanzenfresser oder will es mir ans Leder und ich muss so rasch, wie es geht, die Beine in die Hand nehmen und weglaufen?

Die Entscheidung zu dieser Einordnung musste häufig sehr schnell erfolgen – gut oder böse, „weißer Hut" oder „schwarzer Hut"? Denn davon hing die eigene Verhaltensreaktion ab. Und so ist es auch heute noch.

Der Mensch reduziert komplexe Sachverhalte auf das Wesentliche, um sie überhaupt verstehen zu können. Ich muss beispielsweise nicht wissen, wie der Motor in meinem Auto funktioniert. Es reicht, wenn ich weiß, ob es ein Diesel oder ein Benziner ist, damit ich ihm den richtigen Treibstoff gebe. Und bei der Entscheidung, ob ich mir einen Diesel kaufe oder nicht, reicht es aus, ob ich ein dieselgetriebenes Fahrzeug gut finde oder nicht. Gefällt mir der Dieselantrieb nicht (aus welchen Gründen auch immer), kaufe ich ihn mir nicht. So einfach ist das und hat nicht immer etwas mit rationellem Handeln zu tun. Beim Autokauf schon gar nicht.

Wir ordnen alles, was uns umgibt, nach Möglichkeit in zwei Kisten ein: Gut oder Böse, Weiß oder Schwarz, Sympathisch oder Unsympathisch, Gefällt mir oder Gefällt mir nicht, Glaubwürdig oder Unglaubwürdig. Wenn wir uns einmal festgelegt haben, so fällt es uns schwer diese Festlegung wieder zu ändern. So entstehen manchmal vorschnelle Urteile, also Vorurteile, die nur mit großem argumentativen Aufwand und viel Überzeugungsarbeit und tiefer eigener Einsicht revidierbar sind. Dies ist dann Folge einer häufig (zu) schnellen Urteilsbildung bei möglicherweise noch fehlenden Fakten oder Informationen.

Als Gesprächspartner oder Redner, der überzeugen will, der glaubwürdig sein und Vertrauen gewinnen will, sollte ich immer versuchen, rasch auf die weiße Seite zu kommen. Dann ist schon viel gewonnen.

Der erste Eindruck

Hierbei spielt der erste Eindruck eine große Rolle. Denn eine einmal vorgefasste Meinung, wird nur selten ohne Grund geändert. Wenn ich einmal das Vertrauen meines Gegenübers gewonnen habe, so kann ich auch leichter mit Argumenten überzeugen. Es kommt also darauf an, zunächst einmal als Person zu wirken, bevor ich mit Sachargumenten komme, wenn ich ein bestimmtes Ziel erreichen will.

Oder böse formuliert: „Wirkung vor Inhalt!". Das stimmt natürlich nur, was den ersten Eindruck eines Menschen angeht und nicht für sein Programm, das er vertritt. Denn die Glaubwürdigkeitsprüfung steht ja noch bevor. Und sie wissen ja: Ohne Glaubwürdigkeit - kein Vertrauen.

Am Ende jeder Kommunikation steht ein Gefühl: Der Mensch macht sich sein eigenes Bild. Komplexe Zusammenhänge werden vereinfacht, damit wir zu einer Meinung kommen können: Schwarz oder Weiß.

Der Mensch reduziert komplexe Sachverhalte stets auf das Wesentliche.

Böse	Gut
Unsympathisch	Sympathisch
Schwarz	Weiß
Gefällt nicht	Gefällt
Glaub ich nicht	Glaub ich
Kein Vertrauen	Vertrauen

Abb. 5: Schwarz - Weiß

Eindruck bildende Elemente

Für jede Gesprächssituation gilt: Für den ersten Eindruck gibt es keine zweite Chance! Einen Großteil unserer Meinung bilden wir uns bereits in den ersten Sekunden. Und diesen ersten Eindruck zu verändern, ist mitunter sehr schwer, weil er sich schnell im menschlichen Gehirn festsetzt. Jetzt, wo wir wissen, dass es stets gilt, den „weißen Hut" zu bekommen, ist es umso wichtiger, gleich zu Beginn eines Gespräches oder eines Vortrages ein positives Bild von sich zu vermitteln.

Am Ende entscheidet der Gesamteindruck, den wir auf unsere Gesprächspartner hinterlassen, ob wir glaubwürdig sind oder nicht. Und davon hängt ab, ob wir den schwarzen oder den weißen Hut aufgesetzt bekommen.

Doch wovon hängt der Eindruck, den wir vermitteln ab?

Was hinterlässt den größten Eindruck auf unsere Gesprächspartner?

Kann man das beeinflussen?

Die gute Nachricht vorweg: Ja, man kann!

Wissenschaftlichen Studien zufolge, bleiben die Wahrnehmungen über unsere Sinneskanäle unterschiedlich lange im Gedächtnis und entfalten dort auch eine unterschiedliche Wirkung. Der Eindruck, den wir gewinnen, hängt also unter anderem davon ab, *wie* wir die Informationen aufnehmen.

Amerikanische Wissenschaftler haben das Fernsehverhalten der Bevölkerung untersucht und dabei festgestellt, was von dem Dargebotenen den größten Eindruck auf die Zuschauer gemacht hat, bzw. was am besten in Erinnerung geblieben ist.

Der optische Eindruck

Dabei kam heraus, dass alles, was wir sehen können, also über die Augen wahrnehmen, zu etwa 55 % den Gesamteindruck, etwa eines Redners, ausmacht.

Das Bild spielt eine ganz entscheidende Rolle in der Merkfähigkeit des Menschen. Uns fällt sehr schnell auf, wenn die Krawatte schief hängt, der Scheitel nicht gut sitzt, ob jemand eine unruhige und nervös wirkende Körperhaltung hat, ob er hin und her wankt, sich verkrampft usw. Denken wir nur an den berühmten Nudelsketch von Loriot: Wie das Kaninchen vor der Schlange, starren seine Gesprächspartnerin, Evelyn Hamann, und wir als Fernsehzuschauer, auf die wandernde Nudel im Gesicht des Protagonisten. *Was* er gesagt hat, blieb dagegen nebensächlich. *Das Bild* hat den Eindruck von dieser Szene dominiert.

Bilder können wir uns sehr gut merken und machen deshalb einen hohen Prozentsatz unseres Eindruckes aus. So arbeiten auch Gedächtniskünstler, wie sie häufig im Fernsehen auftreten. Sie verknüpfen endlose Zahlenkolonnen mit kleinen Geschichten oder Bildern und kommen so auf erstaunliche Merkfähigkeiten. Wie das funktioniert, das schauen wir uns später an. Für die Kommunikation bedeutet das:

Das Bild ist die Botschaft!

Das Bild, das wir produzieren, ist eine wesentliche Komponente des Eindrucks, den wir auf unsere Umwelt machen.

Der akustische Eindruck

Den zweitgrößten Eindruck machen wir mit der „Tonspur". Zu etwa 38 % bleiben, der amerikanischen Studie zufolge, Höreindrücke in Erinnerung und prägen unser Gesamtbild.

Das kann z.B. bei einem Redner die Sprachmelodie sein. Hat
er eine monotone Stimmlage, also ohne Höhen und Tiefen in
der Stimme? Das kann sehr ermüdend sein.

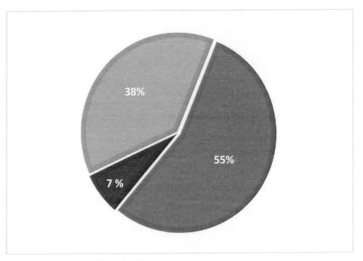

Abb. 6: Eindruck bildende Elemente

Eindruck bildende Elemente	
Optische Wahrnehmung	55 %
Akustische Wahrnehmung	38 %
Inhaltliche Wahrnehmung	7 %

Die Zuhörer kämpfen dann häufig mit dem Schlaf, vor allem
wenn das Thema nicht das allerspannendste von der Welt ist.
Spricht er zu schnell – dann wirkt es hektisch und nervös.
Spricht er zu langsam, kann er seine Zuhörer nicht mitreißen.
Hat er eine unangenehme hohe Fistelstimme oder eine als an-

genehm empfundene sonore Bassfrequenz? Spricht er akzentuiert oder ohne Punkt und Komma, wie ein Maschinengewehr? Hat er eine unsichere und brüchige oder eine feste und überzeugende Stimme? „Häkelt" er vielleicht die Sätze aneinander, wie bei einer Aufzählung, indem er am Satzende die Stimme nicht absenkt, um einen virtuellen Punkt zu setzten? Oder hängt er, wie bei einem Komma im Satz, die einzelnen Sätze aneinander und bleibt mit der Stimme am Satzende immer oben?

Alle diese Fragen und die damit verbundenen Eindrücke bleiben im Gedächtnis haften und tragen zum Gesamtbild des Redners bei. Wenn wir als Vortragender überzeugen wollen, so sollten wir auch auf unsere Stimme und ihre Wirkung auf die Zuhörer achten.

Der inhaltliche Eindruck

Nun haben wir schon etwa 93 % des Eindrucks, den wir auf unser Gegenüber machen, vergeben. Doch was bleibt eigentlich vom Inhalt übrig?

Halten Sie sich fest – es sind nur magere 7 %! Was bedeutet das? Noch nicht einmal 10 % des Inhaltes tragen zum Gesamteindruck bei, bzw. können wir uns von einer Rede merken. Viel eindrücklicher, als der Inhalt des gesprochenen Wortes, sind demnach die Äußerlichkeiten und das was wir hören. Also optische und akustische Reize wirken nachhaltiger als inhaltliche. Wenn es demnach wichtiger ist, *wie* wir etwas sagen, als vielmehr *was* wir sagen, so könnte man doch meinen, dass der Inhalt vernachlässigbar sei. Es wäre also fast egal, *was* wir sagen, Hauptsache es klingt gut!

Dem ist natürlich nicht so. Als Vortragender sind wir auf den Inhalt angewiesen. Denn, was wollen wir mitteilen, wenn wir nur inhaltsloses Gerede von uns geben? Dann hört uns bald keiner mehr zu. Zu Recht. Von solcher Art Schaumschläger gibt es tatsächlich einige Menschen. Sie können viel erzählen, ohne etwas zu sagen. Das da nicht viel hängen bleibt, ist doch klar. Gnadenlose Selbstdarsteller neigen ab und an zu solcher Art von Vorträgen.

Bei einigen Vortragsveranstaltungen, die ich besucht habe, hatte ich häufiger den Verdacht, dass die Selbstdarstellung des Redners für ihn wichtiger gewesen sei, als das Thema, zu dem geladen war.

Der wichtigere Grund dafür, dass man den Inhalt eines Vortrages sehr sorgfältig vorbereiten sollte, liegt in der Sicherheit des Vortragenden selbst. Denn wer nicht sicher im Stoff steht, der wirkt auch häufig nach außen hin unsicher. Die Zuhörer merken es, wenn der Vortragende nicht „voll im Thema" steht. Das wirkt sich in der Körperhaltung aus, indem man nervös von einer Stelle auf die andere tritt, mit einem Gegenstand, z.B. einem Kugelschreiber spielt oder unruhige Gesten macht. Kurz, man wirkt auch nervös auf den Zuhörer.

Dieser Eindruck wird noch durch eine, alles andere als ruhige, Stimme oder Stimmlage verstärkt. Zu schnell, zu leise, zu laut, zu monoton oder brüchig. Alles sind Symptome von Nervosität. Nun wird der Zuhörer erst recht vom Inhalt abgelenkt und bemerkt, je nach Charakter, mitleidig oder amüsiert, dass da vorne gerade jemand stirbt und um seine Fassung ringt. Jeder Zuhörer ist froh, nicht selbst in dieser schwierigen Situation zu stecken.

Sie sehen – eine gute Vorbereitung des Themas ist das A und O eines jeden Vortrages. Doch was machen wir nun mit den 7 %, die inhaltlich nur bei unseren Zuhörern hängen bleiben und zum Gesamteindruck beitragen?

Ganz einfach: Wenn wir schon wissen, dass nur ein Teil des Inhaltes, den wir von uns geben, auch bei unserem Gegenüber hängenbleibt, so bitte schön soll es *der* Teil sein, der uns am wichtigsten ist – nämlich unsere Botschaften!

Arbeite mit Kernbotschaften!

Es ist daher von großer Bedeutung für die Vorbereitung auf einen Vortrag oder ein wichtiges Gespräch, sich vorher seine *Kernbotschaften* zu überlegen und am besten auch ausformuliert aufzuschreiben. Das sind die Aussagen, die uns am wichtigsten sind und von denen wir möchten, dass unsere Zuhörer sie mit nach Hause nehmen. Wenn wir das am Ende eines Vortrages hinbekommen haben, so haben wir schon viel erreicht. Wenn es uns dann noch gelingt „den weißen Hut" zu bekommen, unsere Zuhörer also einen positiven Gesamteindruck von uns mitnehmen, so haben wir auf der ganzen Linie gewonnen. Denn dann haben wir unsere Botschaften platziert und einen guten Eindruck hinterlassen.

Mehr kann man nicht erwarten.

Sachebene und Beziehungsebene

In meinen Vorträgen zum Thema „Wirkungsvolle Kommunikation", frage ich die Zuhörer manchmal, ob sie wissen, warum das berühmte Passagierschiff Titanic untergegangen ist. Dazu zeige ich ein Bild von dem Ozeandampfer (bevor er untergegangen ist) und lasse das Publikum ein wenig raten. Bevor ich die Stimmen einfange, verspreche ich vollmundig:

„Wer mir sagen kann, warum die Titanic untergegangen ist, braucht sich den Rest meines Vortrages nicht mehr anzuhören, denn dann hat er verstanden worum es hier geht! Ich verspreche Ihnen, wenn Sie wissen, warum die Titanic untergegangen ist, so werden Sie es nie wieder vergessen und Ihre Gespräche laufen in der Zukunft viel besser als bisher!"

Das steigert natürlich die Spannung im Raum und entfacht den Eifer der Zuhörer zum Mitmachen. Denn jeder will natürlich den goldenen Treffer landen und die richtige Antwort geben. „Weil sie nicht aus Holz war!" höre ich dann. Oder: „Sie ist gegen einen Eisberg gestoßen!". Ein Zuhörer hat mir einmal gesagt: „Weil sie nicht unsinkbar war!" Klingt zwar irgendwie logisch, trifft aber nicht den Kern. Doch in den allerseltensten Fällen treffen die Mitratenden den genauen Grund des Sinkens dieses berühmten Schiffes, das bereits auf seiner Jungfernfahrt im April 1912 auf der Fahrt vom englischen Southampton nach New York im Nordatlantik den Weg zum Meeresboden fand.

Bevor ich die Auflösung dieses Rätsels bringe, zeige ich erst das Bild eines Eisbergs, der im Wasser schwimmt. Dieses Gedankenbild stammt vom „Vater der Psychoanalyse", Sigmund Freud, und wurde von ihm bereits vor mehr als 100 Jahren in seinem „Eisberg-Gesetz" formuliert.

Der Eisberg der die Titanic zum Untergang brachte, hatte etwa 300.000 Tonnen Eigenmasse. Das ist ganz schön schwer. Was glauben Sie, ist von so einem gewaltigen Eisberg oberhalb der Wasseroberfläche noch zu sehen? Richtig – nicht viel mehr als die Spitze. Das meiste von diesem großen Berg, nämlich etwa 7/8 der Gesamtmasse, liegt *unterhalb* der Wasseroberfläche, dort wo man es nicht sieht. Man stelle sich nun einen Eisberg vor, der im Wasser schwimmt. Von der obersten Spitze ab wird er immer breiter, verläuft also etwa kegelförmig und wird auch unterhalb der Wasseroberfläche noch breiter. So einen Eisberg zeige ich meinen Zuhörern und verrate ihnen dann, dass die Titanic durch ein Ausweichmanöver im letzten Augenblick zwar an der Spitze des Eisberges vorbeigeschrammt ist, aber unterhalb der Wasseroberfläche durch den dort breiter werdenden Eisberg vollkommen aufgerissen wurde. Der vordere Teil des Dampfers füllte sich schnell mit Wasser und das Schiff sank schließlich.

Was hat diese Geschichte, so spannend sie auch ist, eigentlich mit unserem Thema zu tun, werden Sie nun womöglich fragen.

Ganz einfach: Auch die meisten *kommunikativen Unfälle* passieren *unter* der „Wasseroberfläche" – dort wo man sie nicht sieht. Genau wie bei unserer Titanic, deren Besatzung die Ausmaße des Eisberges unter der Wasseroberfläche nicht gesehen hat und die ihr schließlich zum Verhängnis wurden.

Es gibt nach anerkannten kommunikationspsychologischen Modellen zwei Hauptebenen in der Kommunikation zwischen Menschen: Die Sachebene und die Beziehungsebene. Wenn wir die sichtbare Spitze des Eisberges als Symbol für die Sachebene und den Rest für die Beziehungsebene nehmen, so liegt der erheblich größere Teil des Eisberges, und auch der Kommunikation zwischen Menschen, *unter* der Oberfläche – eben dort, wo man es nicht sieht.

> **Die meisten *verbalen* Unfälle**
> **passieren auf der Beziehungsebene**
> **– dort, wo man es nicht sieht.**

Der weitaus größte Teil von Kommunikationsproblemen zwischen zwei Menschen liegt auf der Beziehungsebene und nicht auf der Sachebene.

Auf der Beziehungsebene werden die wichtigen Grundlagen für den Ausgang eines wirkungsvoll angelegten Gespräches gelegt. Wenn die Beziehung zwischen den Gesprächspartnern nicht geklärt ist, so ist auch immer der Ausgang des Gespräches offen.

Da wir aber strategisch, also zielgerichtet vorgehen wollen, müssen wir zunächst „die Beziehungsfrage" klären:

Wie stehen wir zueinander? Haben wir Stress oder findet das Gespräch in einer harmonischen Umgebung statt? Haben wir die der Situation angemessene „Augenhöhe" zueinander? Wer will was von wem?

Dies sind wichtige Fragestellungen, die vor jedem wichtigen Gespräch stehen, an dessen Ende wir unserem Ziel ein Stück näher gekommen sind oder es sogar erreicht haben.

Erst wenn die Beziehung geklärt ist, können wir Sachfragen klären. Wenn die Beziehung gestört ist, so werden wir vermutlich mit unseren noch so guten Sachargumenten nicht überzeugen können. Aus diesem Grunde ist die Beziehungsfrage so wichtig und steht in aller Regel noch vor den Sachfragen.

Ich stelle mir die Beziehungsebene gerne als Fahrweg vor:

Was nutzt mir ein schneller Sportwagen, sprich ein gutes und stichhaltiges Argument, wenn ich keine gute Straße, zum Beispiel eine Autobahn habe, über die ich mit meinem tollen Wagen schnell von A nach B brausen und die vollen PS meiner guten Sachargumente auf die Straße bringen kann?

Ich bleibe mit meinem Sportwagen unweigerlich im Acker

stecken, der für mich die ungeklärte oder gestörte Beziehungsfrage symbolisiert.

Wenn die Beziehung aber gut ist und damit gleichsam eine Autobahn darstellt, so komme ich auch sehr schnell zu meinem Ziel – mit dem Auto, wie mit meinen Argumenten. Aus diesem Grunde ist das Bild des Eisbergs so treffend. Denn wenn es Kommunikationsprobleme zwischen Menschen gibt, so liegt es häufig an einer gestörten Beziehung und nicht an der Sache selbst.

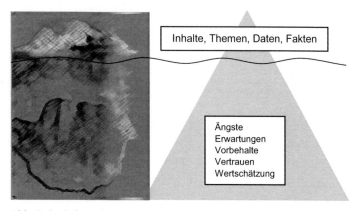

Inhalte, Themen, Daten, Fakten

Ängste
Erwartungen
Vorbehalte
Vertrauen
Wertschätzung

Abb. 7: Sachebene (oben) und Beziehungsebene (unten)

Es lohnt sich also, sich etwas näher mit den Störfaktoren in der menschlichen Kommunikation auseinander zu setzen, um zu verstehen, welche Auslöser zu Kommunikationsproblemen führen können.

Im nächsten Schritt können Sie Ihre persönlichen Strategien entwickeln, um solche Probleme von vornherein zu vermeiden. Dazu betrachten wir zunächst mögliche Störquellen in der Kommunikation.

Kapitel 3

Störungen in der Kommunikation

Hirndominanzen des Menschen

Nun kann es vorkommen, dass wir in unserer Kommunikation alles richtig machen, was wir bisher betrachtet haben: Wir formulieren deutlich und klar; wir lassen Missverständnissen keinen Raum; wir sorgen dafür, dass wir „den weißen Hut" aufgesetzt bekommen sowie glaubwürdig sind und wir bedienen die „Sach- und Beziehungsebene" unseres Empfängers. Manchmal stellen wir dennoch fest, dass wir auf Unverständnis stoßen. Wir kommen einfach nicht an. Unsere Argumente sind stichhaltig und nachvollziehbar. Wir haben keinerlei Grund anzunehmen, dass wir etwas falsch gemacht haben. Und trotzdem guckt uns unser Gegenüber wie ein Auto an und ist völlig anderer Meinung.

Natürlich kann man in Sachfragen unterschiedlicher Meinung sein: Wenn meine Frau beispielsweise in den Winterurlaub zum Skifahren möchte, ich aber lieber in die Karibik - das glasklare Wasser der Südsee und den Anblick der wunderhübschen weiblichen Einheimischen genießen möchte - so kann man tatsächlich unterschiedlicher Auffassung über das nächste Urlaubsziel sein. In diesem Fall muss man argumentativ überzeugen oder sich eben anders verständigen und einen Kompromiss herbeiführen. Wir können uns unterschiedlich entscheiden: Ich fahre in die Karibik und meine Frau in die Schweiz oder wir machen beide Urlaube – oder keinen. Wie auch immer... Diese Diskussion findet vernünftigerweise auf der Sachebene statt – dort gehört sie auch hin.

Manchmal trifft man aber auf Menschen, deren Argumente für einen selbst nicht nachvollziehbar sind, weil diese Menschen völlig anders denken, als man selbst.

Ich kann Sie beruhigen – Sie können oft nichts dafür. Der andere übrigens auch nicht. Die Ursache liegt dann nicht in der falschen Kommunikation, sondern schlicht und einfach in der Natur begründet. Sie lässt uns manchmal unverstanden bleiben.

Woher kommt das?

Die Lösung liegt in unserem Steuerzentrum – dem menschlichen Gehirn.

Abb. 8: Das menschliche Gehirn

Zu den wohl schwerwiegendsten Problemen gehört die Kommunikation zwischen Menschen mit unterschiedlich ausgeprägten Hirndominanzen.

„Was soll *das* denn sein?", werden Sie sich vielleicht fragen.

Zwei Hirnhälften

Jeder Mensch hat zwei Hirnhälften. Genauer gesagt: Sein Großhirn besteht aus zwei Hälften. Eine linke und eine rechte. Diese werden auch Hemisphären genannt. Es gibt in der aktuellen Hirnforschung durchaus unterschiedliche Ansätze in der Beschreibung der Funktions- und Wirkweise des menschlichen Gehirns in Bezug auf die Steuerung des Menschen in seinem kommunikativen Verhalten. Aus diesem Grunde können wir uns auch nur näherungsweise damit auseinandersetzen, welche Auswirkung unsere „Zentrale" auf unser Verhalten im Umgang mit anderen Menschen hat.

Nach verbreiteten wissenschaftlichen Erkenntnissen, ist die linke Hirnhälfte des Großhirns für andere Aufgaben in der Steuerung des Menschen zuständig, als die rechte. Die linke Hirnhälfte ist demnach eher für die rationalen Funktionen im menschlichen Dasein zuständig. Das sind zum Beispiel mathematische Aufgaben, wissenschaftliche Fähigkeiten, Kontrolle der rechten Hand, logisches Denken, Funktionen zum Schreiben und die Sprachsteuerung.

Die rechte Hirnhälfte hingegen steuert unser Kreativzentrum, also künstlerische Fähigkeiten, Raumorientierung, Vorstellungskraft, Kontrolle der linken Hand und die Einsichtsfähigkeit. Aus der Komposition der Fähigkeiten von linker und rechter Hirnhälfte, ergibt sich das Profil des Menschen: Ist er eher künstlerisch und freiheitsliebend angelegt oder tendiert er eher zu rationalem Denken, zu Zahlen, Daten und Fakten, argumentiert sauber und logisch und wählt einen eher technischen Beruf, seinen Neigungen entsprechend?

Die verschiedenen Verhaltensweisen kommen aus dem limbischen System, das unter dem Großhirn liegt. Es stammt aus einer früheren Entwicklungsstufe des Menschen und gilt

als der Bereich, in dem Gefühle, Emotionen und verhaltens-
orientierte Denkweisen ihren Ursprung haben.

Verhaltensforscher teilen die linke und rechte Gehirnhälfte
noch einmal in jeweils zwei Bereiche ein. Hieraus ergibt sich
das Modell der Hirnquadranten mit unterschiedlichen Funktionen des menschlichen Verhaltens. Bekannt geworden ist das
metaphorische Modell nach dem amerikanischen Physiker
Ned Herrmann.

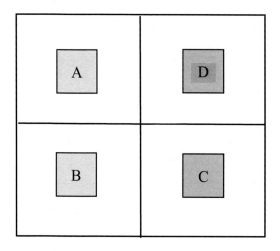

Abb. 9: Hirnquadranten
nach dem Ned-Herrmann-Dominanz-Modell

Hirnquadrant A:

    begriffliches Denken
    logisch
    analytisch
    rational

Hirnquadrant B:
> kontrolliert
> konservativ
> organisiert
> strukturiert

Hirnquadrant C:
> zwischenmenschlich
> emotional
> musikalisch
> mitteilsam

Hirnquadrant D:
> bildhaftes Denken
> einfallsreich
> intuitiv
> konzeptionell

Die Quadrate A und B symbolisieren die linke Gehirnhälfte. Mit dieser sind wir in der Lage, eine Situation zu analysieren, Informationen und Fakten zu sammeln sowie logische Schlüsse zu ziehen.

Die Quadrate C und D stehen für die rechte Gehirnhälfte. Mit dieser können wir Informationen in ein Gesamtbild einordnen, unsere intuitiven Fähigkeiten hinzunehmen, Verbindungen herstellen und somit neue Konzepte entwickeln. Gleichzeitig haben Menschen mit einer Dominanz im C-Bereich besonders gute kommunikative und zwischenmenschliche Fähigkeiten. Zwei- bis dreihundert Millionen Nervenzellen verbinden über den sogenannten Balken die beiden Gehirnhälften und sorgen so für eine schnelle und pausenlose Verknüpfung aller Informationen. Das bedeutet, dass wir das Zusammenspiel der unterschiedlichen Denk- und Verhaltensmodi nicht als getrennte Prozesse empfinden.[5]

Hirndominanzen

Je nachdem, welche der beiden Hirnhälften den Gefühls- und Denkansatz eines Menschen steuert, hat er eine mehr oder weniger ausgeprägte linke oder rechte Hirndominanz.

Es gibt aber auch Ausnahmen: Menschen, bei denen beide Hirnhälften in ihrer Dominanz gleich oder ähnlich stark ausgeprägt sind. Aus der Geschichte wissen wir, dass häufig bei Universalgelehrten diese gleiche Prägung vorlag. Denken wir nur an Johann Wolfgang von Goethe (1749-1832), der sowohl anerkannter Gelehrter und Wissenschaftler, als auch herausragender Dichter war. Oder der berühmte amerikanische Erfinder Thomas Alva Edison (1847-1931), der uns die Glühbirne und tausende weitere Errungenschaften zur Erleichterung des alltäglichen Lebens geschenkt hat und mit hoher Kreativität die genialsten Erfindungen gemacht hat.

Meine Frau und ich haben uns auf unserer Hochzeitsreise das Sommerlabor von Thomas Alva Edison in Fort Myers in Florida angesehen – unglaublich, was dieser Mann alles erfunden hat. Darunter viele Alltagsgegenstände, die heute von der Menschheit als selbstverständliche Güter angesehen werden: Vom Zement, über den Stromzähler, bis hin zum Kinderhochstuhl, der Wärmflasche oder dem Filmprojektor. Er war angetreten, das Leben der Menschen durch praktische Erfindungen zu erleichtern. Das ist ihm wahrlich gelungen.

---

[5] Nach henze-partner.com, 2013

Auch Galileo Galilei, Gottfried Wilhelm Leibniz oder Leonardo da Vinci waren Universalgenies und gehörten zu dieser seltenen, hochbegabten Spezies Mensch, mit ähnlich stark ausgeprägten Fähigkeiten im technisch-wissenschaftlichen, wie im geistig-kreativen Bereich.

Kennen Sie Ihre Hirndominanz? Wer weiß, liebe Leserinnen und Leser, vielleicht gehören Sie auch dazu?

Im Internet kann man eine Reihe mehr oder weniger seriöser Testverfahren finden, um das in erster Näherung für sich selbst herauszufinden. Probieren Sie es aus Spaß einmal aus.

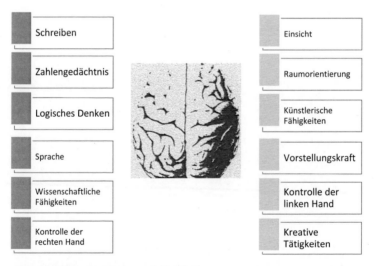

Schreiben		Einsicht
Zahlengedächtnis		Raumorientierung
Logisches Denken		Künstlerische Fähigkeiten
Sprache		Vorstellungskraft
Wissenschaftliche Fähigkeiten		Kontrolle der linken Hand
Kontrolle der rechten Hand		Kreative Tätigkeiten

Abb. 10: Hirnsteuerungen nach Hemisphären

Wenn Menschen mit unterschiedlichen Hirndominanzen aufeinandertreffen, so kann es sein, dass sie sich nicht verstehen, weil sie manchmal völlig unterschiedliche Denkansätze und

Vorlieben haben. Das trifft zum Beispiel auf die beiden Geschlechter zu.

Frauen haben im Allgemeinen eine eher rechte Hirndominanz und Männer eine eher linke. Das muss nicht immer so sein, aber die Tendenzen sind in dieser Richtung. Das erklärt, warum Frauen häufiger eher emotional veranlagt sind und Männer eher rational. Aus diesen Richtungen wird dann in Diskussionen auch eher argumentiert.

Übrigens: Neurologen fanden heraus, dass das Sprachzentrum bei Männern und Frauen in unterschiedlichen Bereichen des Gehirns liegt. Bei Frauen ist es nicht nur größer, sondern auch in etwa auf beide Gehirnhälften verteilt. Bei Männern eher links, also im rationalen Sektor.

Abb. 11: Thomas Alva Edison

Männer sind keine Meister großer Worte. Das bewies die britische Soziologin Dianne Hales, als sie das Sprachverhalten von Männern und Frauen untersuchte. Die holde Weiblichkeit bringt es demnach im Durchschnitt auf 23.000 Worte am Tag, das starke Geschlecht gerade mal auf die Hälfte.

Das nachfolgende kleine Beispiel macht die unterschiedliche Sprachfunktion deutlich:

> Abends halb sieben in Deutschland: *Er* kommt müde und ausgelaugt von der Arbeit, setzt sich vor das Fernsehgerät, zappt sich mit teilnahmslosen Gesicht durch die Kanäle und kommentiert jeden weiblichen Kommunikationsversuch mit einem undefinierbaren Grunzen. Er interessiert sich scheinbar nicht die Bohne für seine Partnerin. Schuld daran ist sein Gehirn, so die Wissenschaftler. Während er die Eindrücke des Tages mit seiner rechten Gehirnhälfte verarbeitet, stellt seine linke Hemisphäre vorübergehend ihren Betrieb ein. Leider sitzt hier auch sein Sprachzentrum. Da hilft nur abwarten, bis der Schalter wieder auf "on" klickt - und in der Zwischenzeit besser keine wichtigen Dinge besprechen. Davon wird er eine Stunde später schon nichts mehr wissen.[7]

Wenn ein linkshirnhälftig dominierter Ingenieur und ein rechtshirnhälftig dominierter Künstler aufeinandertreffen, so kann es daher zu völlig unterschiedlichen Denkansätzen bei der Lösung einer Problemstellung kommen. Das Ergebnis könnte sein, dass eine Verständigung etwas schwerer herbeizuführen ist, als bei Menschen mit gleichem Denkansatz.

---

[7] Nach wissen.de, 2013; Allan und Barbara Pease: "Warum Männer nicht zuhören und Frauen schlecht einparken", Ullstein, 2000

Auch Kulturen können unterschiedlich ausgeprägte Hirn-dominanzen haben. So hat man festgestellt, dass Asiaten eher rechtsdominiert, also im Kreativbereich angesiedelt sind und die Menschen im westlichen Sprachraum eher linksdomi-nierte Verhaltensweisen an den Tag legen. Das macht eine Verständigung mit anderen Kulturen umso sensibler. Man kann sich aber darauf einstellen.

Da wir nun wissen, dass die Natur dafür sorgt, dass die Menschen „unterschiedlich ticken", ist es nicht mehr so schwer, sich auch in der Kommunikation aufeinander einzu-lassen. Hierzu ist ein hohes Maß an Empathie, also dem Ein-fühlungsvermögen in die Sichtweise und Bedürfnisse des an-deren, erforderlich, um Verständnis und Übereinstimmung herbeizuführen und somit seine Ziele auch zu erreichen.

Die Hirndominanzen beeinflussen das Wesen der Menschen – stelle Dich in Deiner Kommunikation darauf ein.

Entschlüsseln von Informationen

Kennen Sie Friedemann Schulz von Thun? Nein? Wenn Sie sich mit dem Thema Kommunikationspsychologie und der Wirkung von Kommunikation auf Menschen etwas näher aus-einandersetzen wollen, so sollten Sie sich einmal eines seiner Bücher anschauen. Hier ist vor allem die Trilogie „Miteinan-der reden" besonders zu nennen. Er war Professor für Psycho-logie und Kommunikationswissenschaftler an der Hamburger

Universität und hat sich unter anderem mit Kommunikations-modellen auseinandergesetzt. Das sind Modelle, nach denen die Wissenschaft versucht zu erklären, wie Menschen aufeinander wirken, wie Informationen ausgetauscht werden und welches menschliche Handeln sich daraus ergibt. Eines seiner Modelle, das Vier-Seiten-Modell oder auch Vier-Ohren-Modell genannt, ist sehr bekannt geworden und beschreibt die Wirkung des Gesagten auf andere Menschen.

Dieses Modell ist zu einem Standard in der Kommunikationswelt geworden und wunderbar nachzuvollziehen.

Erna – es ist kein Bier mehr da!

Betrachten wir zunächst einmal den einfachen Satz: „Erna, es ist kein Bier mehr da!"[8] Was geht dann in Ihnen, verehrte Leser, vor? An dieser Stelle lasse ich in meinen Vorträgen und Seminaren die Zuhörer wiederum zu Wort kommen und fange Stimmen ein. „Da schickt ein Mann seine Frau Erna in den Keller, um für ihn ein Bier zu holen" wird mir zunächst häufig entgegen gerufen. Haben Sie das auch gedacht? Dann befinden Sie sich in guter Gesellschaft.

Die meisten sind der Meinung, dass hier ein Macho am Werk ist, der seine Frau ein Bier holen schicken will, weil dieser vielleicht zu faul ist aufzustehen und sich sein Getränk selbst zu holen.

Doch steht das da? Steht da wirklich „Ein Mann schickt seine Frau in den Keller, damit diese ihm ein Bier holt?" Wenn wir ehrlich sind: Nein, das steht da nicht. Da steht nur: „Erna, es ist kein Bier mehr da!" Doch warum interpretieren wir eine Geschichte in diesen einfachen Satz hinein? Ganz einfach: Weil dieser Satz nicht unmissverständlich ist. Weil

---

[8] Nach Schulz von Thun, Friedemann, Miteinander reden 1, 1981

uns Informationen fehlen, um diesen Satz seinem tatsächlichen Sinn nach deuten zu können. In der Tat könnte man meinen, dass die arme Erna geschickt wird, ein Bier zu holen – muss man aber nicht.

Der Teil der Information, der uns fehlt, um diesen Satz interpretieren zu können, wird von uns frei ergänzt. Damit er für uns einen Sinn ergibt. Je nach unserer Sozialisierung und Lebenserfahrung vermuten wir dann vielleicht den zunächst vorgestellten Ausgang der Geschichte.

Doch es gibt noch andere Interpretationsmöglichkeiten. Wie wäre es mit dieser: Ein Mann blickt in den Kühlschrank und ruft: „Erna, es ist kein Bier mehr da! Ich geh mal eben um die Ecke zum Supermarkt und hole neues für unsere Gäste heute Abend."

Wer sagt uns eigentlich, dass es ein Mann ist, der Erna anspricht? Vielleicht ist auch diese Geschichte denkbar: Irmgard erstellt mit ihrer Freundin in der Wohngemeinschaft den Einkaufsplan und stellt fest, dass kein Bier mehr im Hause ist. Sie schlägt vor, dieses Getränk mit auf die Einkaufsliste zu setzen. Oder Erna spricht zu sich selbst.

Viele Szenarien sind denkbar. Dennoch vermuten zunächst die meisten, dass die erste Geschichte zutrifft, weil wir dazu neigen, Dinge, die wir wahrnehmen, zu interpretieren und an unser eigenes Weltbild anzupassen, damit wir es verstehen. Das heißt, dass in unserem Beispiel vielleicht eine vorurteilsgeprägte Feministin eher auf die Idee der Ausbeutung des weiblichen Geschlechts kommen könnte, als der pensionierte Polizeibeamte in einem meiner Kommunikationskurse, der analytisch messerscharf antwortete: „Hier wird ein vermutlich weiblicher Mensch, namens Erna von einer derzeit unbekannten Person und unbekannten Geschlechtes angesprochen, mit dem neutralen Hinweis, dass kein Bier mehr da sei." Hat er Recht?

So ein einfacher Satz, wie: „Erna, es ist kein Bier mehr da" kann also vielfältig verstanden und ausgelegt werden. Doch welche Informationen fehlen uns denn noch, um diesen Satz richtig zu verstehen? Also so, wie der Sender der Information es verstanden wissen will?

Das Vier-Ohren-Modell

Hier hilft uns das Vier-Ohren-Modell von Schulz von Thun. Der Entwickler dieses Modells geht davon aus, dass wir Menschen mehrere Ebenen haben, auf denen wir miteinander kommunizieren. Wir haben uns ja bereits mit den beiden Hauptebenen, „Sachebene", als reiner Informationsfluss und der „Beziehungsebene", also dem weitaus größeren, nämlich unsichtbaren, Empfangsteil für Botschaften in der Kommunikation, beschäftigt.

Schulz von Thun verfeinert diese Ebenen noch und sagt sinngemäß: „Jeder Informationsfluss, jede Kommunikation hat vier Seiten. Der Mensch hört gleichsam mit vier Ohren als Empfänger einer Botschaft zu und wertet jede Information nach vier Kriterien aus." Das funktioniert sozusagen wie vier Antennen, die jeweils nur einen für sie empfangbaren Teil der Gesamtinformationen aufnehmen und weiterleiten. Wenn nur eines dieser Antennensignale gestört ist, so kann die gesamte Kommunikation gestört sein, weil die Information nur noch bruchstückhaft oder sinnverzerrt beim Empfänger ankommt. Bei Missverständnissen liegt regelmäßig so eine Kommunikationsstörung vor.

Welches sind nun die vier Ohren des Modells? Welche Kanäle sind es denn, die unsere Wahrnehmung steuert?

Nun, Schulz von Thun sagt, dass jeder Sender einer Information vier verschiedene Botschaften verschlüsselt sendet und wir Menschen entsprechend jede Information mit unseren „vier Ohren" nach diesen vier Botschaften auswerten.

Das Selbstoffenbarungs-Ohr

Zum einen ist es die Selbstoffenbarung des Senders. Jeder Mensch der kommuniziert, gibt immer auch etwas von sich selbst und seiner Persönlichkeit preis. Der Empfänger fragt sich: „Was ist das für ein Mensch?" Je nachdem, *wie* wir sprechen, kann der Empfänger uns einordnen und macht sich ein Bild von uns: Wirken wir sympathisch, überheblich, streng, natürlich, überdreht oder welches Adjektiv auch immer passt. Stets wird dieses Kriterium vom Empfänger einer Botschaft ausgewertet. In unserem Beispiel könnte also tatsächlich der Eindruck entstehen: „Hier ist ein Macho am Werk!" Daher wird dieses Ohr auch „Selbstoffenbarungs-Ohr" genannt.

Das Beziehungs-Ohr

Das zweite Ohr ist das „Beziehungs-Ohr". Hier fragt sich der Empfänger:

> „Wie geht dieser Mensch mit mir um? Betrachtet er mich auf Augenhöhe oder macht er mich klein? Bin ich gleichwertiger Partner oder will er mir zeigen, dass ich vielleicht weniger wert bin?"

Dieses Beziehungsohr ist bei den meisten Menschen ziemlich ausgeprägt. Wir sind im Allgemeinen gerade in dieser Frage sehr empfindlich. Wer also auf dem „Beziehungskanal" missverständliche oder falsche Informationen sendet, muss sich nicht wundern, wenn ziemlich schnell eine massive Kommunikationsstörung vorliegt und – trotz aller sachlich richtigen und nachvollziehbaren Argumente – eine übereinstimmende Meinung nicht herbeigeführt werden kann.

Wenn wir uns nun in Erna hineinversetzen, könnte auch hier der Eindruck entstehen, dass der Sender der Information uns als Erna nicht so wirklich als gleichberechtigten Partner respektiert. Aber für diese Feststellung ist es noch zu früh, da wir noch nicht alle Auswertungen haben, um uns ein abschließendes Urteil bilden zu können.

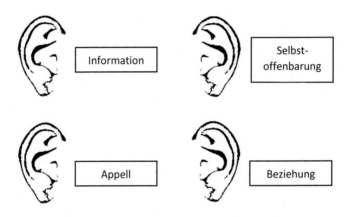

Abb. 12: Vier-Ohren-Modell nach Schulz von Thun

Das Appell-Ohr

Das dritte Ohr ist das „Appell-Ohr". Mit diesem Ohr hört der Empfänger heraus, was er mit der Information anfangen soll und was der Sender von ihm verlangt. Soll ich nun, als Erna, das Bier holen gehen oder war das eine reine Sachinformation? Was erwartet man von mir?

Das Informations-Ohr

Das bringt uns sehr schnell zum vierten Ohr: dem „Informations-Ohr". Der Empfänger wertet mit diesem Ohr nun tatsächlich alle vorliegenden Informationen aus und fragt sich: „Wie ist der Sachverhalt zu verstehen?" Nun kommt es auf die Gesamtumstände an, also den Kontext, in dem der Satz: „Erna, es ist kein Bier mehr da!" gesprochen wurde.

Erna wertet also aus: „Wer hat es gesagt? Wie stehe ich zur Person? Wie hat sie es gesagt? Wie könnte diese Person es gemeint haben? Was soll ich tun?"

Wenn Erna es gewohnt ist für, sagen wir Karl, zu laufen, wenn kein Bier mehr im Kühlschrank ist, so wird sie vermutlich losziehen und Bier besorgen. Vielleicht ist es aber auch ganz anders und Karl oder Irmgard wollen Erna tatsächlich nur über das fehlende Bier informieren, damit ein Gleichstand an Informationen zwischen den beiden hergestellt wird.

Eigene Interpretation

Fest steht: Aus dem einfachen Satz: „Erna, es ist kein Bier mehr da!" lässt sich ohne die Zusatzinformationen, die der Sender mit auf die Reise gibt, keine gesicherte Erkenntnis zur Sach- und Bedürfnislage erkennen. Und wenn diese Zusatzinformationen fehlen, so machen wir uns eben häufig ein eigenes Bild und laufen dabei Gefahr, dass wir damit falsch liegen oder einem Vorurteil aufsitzen.

Als Gesprächspartner oder Vortragender liegt es also in unserem eigenen Interesse, um nicht missverstanden zu werden, dass wir alle vier Seiten einer Botschaft auch bedienen. Aus diesem Grunde ist es so wichtig, klare Botschaften zu senden, die von unserer Zielgruppe zweifelsfrei und unmissverständlich ausgewertet werden können.

- Wer bin ich?
- Wofür stehe ich?
- Was ist mir wichtig?
- Wo möchte ich hin?

Wenn diese Fragen beantwortet werden können, so kann sich unser Zuhörer eine eigene Meinung bilden und unserer Meinung folgen oder nicht. Denn überall dort, wo Raum für Missverständnisse gegeben wird, finden sie auch statt. Meistens zu unserem Nachteil.

Jede Information hat vier Seiten.

**Alle vier müssen bedient werden,
wollen wir richtig verstanden werden.**

Denkwelten

Wenn Menschen den gleichen Sprachschatz besitzen, wenn sie den gleichen oder einen ähnlichen Wissensstand haben und wenn bestimmte verwendete Begriffe mit einem eindeutigen Sinn belegt sind, so gibt es kein Problem mit der Verständlichkeit in der Kommunikation untereinander. Zwischen Fachleuten ist das meistens so.

Auf einem speziellen Fachgebiet oder in einer ganzen Branche hat sich im Laufe der Zeit häufig eine Fachsprache entwickelt, die Nicht-Eingeweihte nur mühsam oder gar nicht verstehen.

Wikipedia schreibt dazu:

> „Eine Fachsprache, auch Technolekt, ist die für ein bestimmtes Fachgebiet oder für eine bestimmte Branche geltende Sprache. Die Fachsprache baut auf der Gemeinsprache auf und steht mit ihr in einer Wechselbeziehung. Zur Fachsprache gehören kennzeichnend vor allem Fachbegriffe und Fremdwörter (Fachvokabular), die entweder außerhalb des Fachgebietes sehr ungebräuchlich sind oder in ihm eine andere Bedeutung haben."[9]

Probleme in der Kommunikation treten vor allem dann auf, wenn Fachleute auf Nicht-Fachleute treffen und diese miteinander kommunizieren.

Das kann in einem persönlichen Gespräch sein; das kann bei einem Vortrag sein oder auch in einem Radio- oder Fernsehbeitrag zu einem bestimmten Thema.

Verkorkste Kommunikation

In einer Wirtschaftssendung auf dem Nachrichtensender n-tv sah ich ein Interview einer Moderatorin mit einem Börsenmakler, der uns Zuschauern den Zusammenhang zwischen dem Marktauftritt und dem entsprechenden Aktienkurs einer Fluglinie erläutern sollte.

---

[9] Wikipedia.de, Fachsprache, 2013

Das klang dann so:

> **„Moderatorin:** Zu diesem Thema sprechen wir jetzt mit Matthias Meier [10] von der Deutschen Investmentbank [11]. Schönen guten Tag Herr Meier!
>
> **Meier:** Schönen guten Tag nach Frankfurt.
>
> **Moderatorin:** Wir sehen Wachstum beim Umsatz, aber nicht gleich steigenden Gewinn. Stößt der Billig-Flieger an seine Grenzen?
>
> **Meier:** Ja, es sieht so aus, als wäre das ganze Segment im Moment leicht unter Druck, die Ticketpreise stehen stark unter Druck, Konkurrenten aus den klassischen Airline-Business, wie Lufthansa und BA erhöhen hier mit Low-Cost-Carriern weiterhin den Preisdruck, Ryan Air ist grundsätzlich immer sehr konservativ am Anfang des Jahres, anscheinend ist hier eine Planung schwer möglich, die ersten Zahlen mit Q 1 waren im Moment sehr angetan, es ist auch ein Bypac-Programm von dreihundert Millionen anounced worden, jedoch kommt der frühe Druck von über 4 % im frühen Handel nach unten aufgrund des konservativen Outlooks und dem Margin-Druck der auch UK-spezifisch aufgrund Steuerkomponenten zu sehen ist.
>
> **Moderatorin:** Hhm…, Sie haben es schon eingangs angesprochen, Herr Meier: Auch die hier etablierten Fluggesellschaften, wie die Lufthansa, kommen ja manchmal mit Preisen, wo ein klassischer Billigflieger gar nicht mehr mithalten kann. Also die Frage:

---

[10] Name geändert
[11] Name geändert

Kann man überhaupt in Zukunft noch diese Geschäftsmodelle wirklich voneinander trennen? Wie gehen Sie da vor?

Meier: Ähm …, eh… es kommt natürlich immer darauf an, was der Markt erwartet, ich glaub' die Billigflieger, die sogenannten Billigflieger, haben in den letzten zehn Jahren den klassischen Airline-Markt sehr aufgemischt, das Modell ist ja schon in den Siebziger-Jahren in den USA entstanden, auf Europa dann übergesprungen, gerade mit easy-Jet, Ryan Air, Air Berlin hat jetzt mit weiteren Konsolidierungen im deutschen Markt eine erhobene Marktmacht erreicht, Lufthansa geht in diesen Markt, es sind hier Gewinne zu erzielen, es ist hier Marktmacht greifbar, jedoch ist natürlich das Ticket-pricing, über das die Billig-Airlines ihre Passagiere ziehen, kann natürlich auch einen Schuss nach hinten darstellen… und das ist die Problematik in diesem Segment.

Moderatorin: Vielen Dank - Matthias Meier war das, von der Deutschen Investment Bank. Danke für Ihre Einschätzung."

Haben Sie etwas von dem Gespräch verstanden? Nein? Dann geht es Ihnen so wie mir und sicherlich wie den meisten Menschen vor dem Fernsehapparat. Das Ziel der Sendung sollte doch sicherlich die Information der Zuschauer zum entsprechenden Wirtschaftsgeschehen sein. Ich denke, das hat in diesem Fall nicht funktioniert.

Das Hauptproblem in der Informationsübertragung scheint mir gewesen zu sein, dass der Fachmann sich offensichtlich nicht bewusst war, dass er nicht zu anderen Wirtschafts- und Börsenprofis spricht, sondern zu den Fernsehzuschauern. Und

diese sind mitnichten allesamt Wirtschafts- und Finanzmarkt-
profis, sondern normale Menschen wie Du und ich. Die Inter-
viewerin war in unserem Beispiel lediglich eine Art „Trans-
missionsriemen". Ein „Durchlauferhitzer" in der Kommunikation mit dem Fernsehpublikum. Dieses ist der eigentliche
Adressat der Informationen. Auf die Zuschauer und deren
Kenntnisstand ist die Wortwahl entsprechend abzustimmen.

Wenn man als Interviewpartner im Fernsehen auftritt,
sollte man das Sprachniveau, etwa dem eines 14-jährigen Ju-
gendlichen entsprechend, verwenden. Nicht vom Umgangs-
sprachlichen her, sondern vom Verständnis der deutschen
Sprache. Dann liegt man in den meisten Fällen richtig und
wird von der Mehrheit der Zuschauer verstanden.

In diesem Gespräch lief gleich eine ganze Menge schief.
Das führte dazu, dass bei den meisten Zuschauern inhaltlich
so gut wie nichts hängenbleiben konnte.

Schauen wir uns das im Einzelnen einmal an:

Der Finanzmarktprofi spricht

> ➢ **Ohne Punkt und Komma:**

Allein aus der ersten Antwort, die der Fachmann gibt, kann
man – ja, sollte man - sieben Sätze formulieren! Der deutsche
Hauptsatz wird allgemein aus Subjekt, Prädikat und Objekt
gebildet.

Beispiel:

„Der Mann liebt das hübsche Mädchen."

Der Mann (*Subjekt*) liebt (*Prädikat* (*als Verb*)) das hübsche
Mädchen (*Objekt*). Am Ende des Satzes wird ein Punkt gesetzt und die Stimme gesenkt. Kurze Pause – neuer Satz.

Unser Finanzmarktprofi hat die Stimme am natürlichen Satzende nicht gesenkt. Das führt dazu, dass der nächste Satz klingt, als gehöre er zum vorherigen.

Die Folge ist, dass wir Zuschauer nicht mehr wissen, worauf der Sprecher hinaus will, weil wir nicht vorausahnen können, wie und wann der Satz enden wird.

> **Bandwurmsatz:**

Dadurch, dass der Gesprächspartner keinen Punkt findet, bildet sich ein ellenlanger Satz, dem der Zuschauer (und sicherlich auch die teilweise überforderte Moderatorin) nicht mehr folgen kann.

Im Übrigen kommt, je länger man spricht, auch der Redner irgendwann unweigerlich aus dem (sprachlichen) Konzept und landet dann im kommunikativen Nirwana. Die Gefahr ist hierbei sehr groß, dass der einmal begonnene Satz grammatisch nicht mehr korrekt beendet wird, weil man schlicht während des Sprechens vergessen hat, wie der Satz begonnen hat.

Der zweite Aspekt ist in diesem Zusammenhang die Überforderung des Zuhörers. Je länger ein Satz ist, umso schwerer ist es, ihn zu verstehen. Denn die vielen angesprochenen Teilaspekte müssen ja nicht nur gehört, sondern auch noch verstanden werden. Wenn auch nur ein Teil des Gesagten unklar bleibt oder nicht auf Anhieb vom Gegenüber verstanden wird, so „verliert" der Redner seinen Gesprächspartner, weil dieser nach dem Schließen der geistigen Lücke sucht und nicht mehr aufmerksam zuhören kann.

Der Rest des Gesagten geht dann verloren. Sowohl im ersten, als auch im zweiten Antwortsatz sind die Antworten des Fachmanns deutlich zu lang.

➢ Fachbegriffe und Sprachpanscherei:

Um den Ausführungen unseres Börsenprofis folgen zu können, muss man schon viele der verwendeten Begriffe kennen und einordnen können. Als Normalbürger sind einem die Begriffe, wie *Low-Cost-Carrier, Bypack-Programm, Margin-Druck, Q1, UK-spezifisch und Steuerkomponente* nicht zwingend sofort geläufig.

Erhöht wird der Schwierigkeitsgrad noch dadurch, dass alle Begriffe in einem einzigen Satzzusammenhang gesprochen wurden. Hinzu kommt die Sprachpanscherei zwischen deutschen und englischen Begriffen:

Bypac-Programm, Margin-Druck, UK-spezifisch, der „konservative Outlook" oder „… Millionen anounced".

Alle englischen oder englisch klingenden Begriffe hat unser Profi auch auf englisch ausgesprochen und mit dem deutschen Wort kombiniert, was Sie beim Lesen natürlich nicht wahrnehmen konnten. Das machte das Zuhören (und Verstehen) noch schwerer.

Allgemein gilt: Fremdwörter sollten erläutert oder durch deutsche Entsprechungen ersetzt werden, wenn man es nicht ausschließlich mit Fachpublikum zu tun hat. Im Gespräch zwischen zwei Personen gebietet es schon die Höflichkeit, auf den Erfahrungsschatz und den Wissenstand des Gegenübers einzugehen. Das Gleiche gilt natürlich, wenn man vor Publikum spricht.

➢ Kein Kino im Kopf:

Wollen wir verstanden werden, so müssen wir „Kino im Kopf" des Gegenübers erzeugen. Das heißt, wir müssen in Bildern sprechen, die der Empfänger des Gesagten aufgrund seiner sozialen Herkunft, Ausbildung, Erziehung oder aufgrund seines Wissensstandes, auch kennt. Nur dann, wenn eine lückenlose Reihe von Bildern vor unserem geistigen Auge entsteht, sozusagen ein Film in unserem Kopf entsteht, können wir das Gesagte nachvollziehen und verstehen. Denn wir denken in Bildern.

In unserem Beispiel fehlten die meisten Bilder. Das hat mit der Kombination aus Fremdwörtern und dem Kontext, also dem Gesamtzusammenhang zu tun. Wenn wir nicht im Stoff stecken, so brauchen wir Hilfestellung, um uns ein Bild zu bauen, welches wir verstehen.

Hilfestellungen können u.a. Beispiele aus dem Erfahrungsschatz des Gesprächspartners oder der Zielgruppe (Zuschauer, Zuhörer, Leser usw.) sein:

„Der Kostendruck auf die Billig-Flieger wird immer höher. So wurden in diesem Jahr die Gehälter der Angestellten nach den Tarifverhandlungen um 5%, das sind durchschnittlich 200 Euro je Mitarbeiter, angehoben."

Der Aussage zum Kostendruck wurde ein Beispiel, wie sich das konkret für die Fluggesellschaft auswirkt, beigefügt. Das macht die Kernaussage nachvollziehbar. Der Einsatz von Analogien, also Vergleiche des Gesagten mit allgemein verständlichen Dingen, erleichtert das Verständnis:

„Die in diesem Jahr verbrauchte Papiermenge in unserem Büro entspricht, aufeinander gestapelt, in etwa der Höhe eines Einfamilienhauses, vom Boden bis zur Dachspitze."

Auch Metaphern, sinnvoll eingesetzt, eignen sich gut, um das Gesagte verständlicher zu machen, denn sie produzieren ein Bild für eine Umstandsbeschreibung und fördern eine bildhafte, lebendige Sprache.

Beispiele für Metaphern:

- Jemanden in den Himmel loben – Jemandem höchstes Lob aussprechen.
- Leeres Stroh dreschen – Inhaltslos reden.
- Mauer des Schweigens – Ablehnendes Schweigen.
- Auf einer Erfolgswelle reiten – Über eine längere Zeitspanne ungewöhnlich viel Erfolg haben.
- Jemandem nicht das Wasser reichen können – Jemandem an Fähigkeiten, Leistungen nicht annähernd gleich kommen.
- Das Recht mit Füßen treten – Das Recht gering schätzen, verletzen.
- Warteschlange – Wartende Reihe von Personen, Fahrzeugen, Aufträgen.
- Jemandem das Herz brechen – Jemandem sein Lebensglück zerstören.
- Die Nadel im Heuhaufen suchen – Eine schwer auffindbare, unauffällig unter sehr vielen ähnlichen Dingen versteckte Sache suchen.
- Nussschale – Kleines Boot.
- Baumkrone – Die Spitze eines Baumes.
- Rosarote Brille – Positive selektive Wahrnehmung.
- Den Nagel auf den Kopf treffen – Einen Sachverhalt unter genau demjenigen Gesichtspunkt ansprechen, auf den es ankommt.
- Schnee von gestern - eine Sache, die schon der Vergangenheit angehört und keine Bedeutung mehr für die Gegenwart hat.

➢ Verwendung von Abkürzungen:

Abkürzungen sollten nur dort eingesetzt werden, wo sie auch unmissverständlich interpretiert werden können. Ansonsten gilt für den Gebrauch von Abkürzungen das gleiche, wie für den Einsatz von Fremdwörtern:

- Verwendung nur, wenn sichergestellt ist, dass die Abkürzungen bekannt sind.
- Abkürzungen daher bei der erstmaligen Verwendung erläutern.
- Abkürzungen weglassen, wo sie nicht nötig sind.

In unserem Beispiel tauchen die Abkürzungen *BA* für British Airline, *Q1* für das erste Quartal des Kalenderjahres und *UK* für United Kingdom (Vereinigtes Königreich = Großbritannien) auf. Es hätte den Ausführungen unseres Finanzspezialisten sicher nicht geschadet, die Originalbegriffe, statt der Abkürzungen zu verwenden. Den Zuschauern und ihrem Verständnis hätte es allemal gut getan.

Das Fazit aus unserem Beispiel lässt sich schnell ziehen: Willst Du verstanden werden, so musst Du Dich verständlich ausdrücken! Wenn Du nicht verstanden wirst, so brauchst Du auch gar nicht zu sprechen – es bleibt höchstens ein negativer Eindruck hängen.

Auch zwischen Fachleuten und Nicht-Fachleuten gestaltet sich die Kommunikation häufig recht schwierig. Kennen Sie das auch?

Wenn meine Heizung zu Hause defekt ist und mir der Monteur beibringen will, dass ich eine neue Heizanlage benötige, so verstehe ich meistens nur Bahnhof (Achtung Metapher!) von dem, was er mir erzählt. Denn er verwendet Fachbegriffe, wie z.B. „Bivalente Trinkwassererwärmung", „Zylinderbrenner" oder „Norm-Nutzungsgrad", um seine Erläuterungen zu untermauern. Das Problem ist nur: Ich verstehe diese Begriffe nicht. Ich kann damit nichts anfangen. Genauso geht es mir, wenn ich einen Defekt im Getriebe oder Motor meines Autos habe: Der Werkstattleiter erläutert mir haarklein, welche Zusammenhänge in meinem Gefährt nicht mehr funktionieren und warum die Reparatur so teuer wird. Ich nicke ihn (vermeintlich) verständnisvoll an und gebe am Ende den Reparaturauftrag. Ist das nun eine geschickte kommunikative Methode des Beraters oder findet er nur nicht den richtigen sprachlichen Zugang zu mir? Da ich dem Meister nichts Negatives unterstellen will, gehe ich vom fehlenden sprachlichen Zugang aus.

Die hohe Kunst in der Kommunikation ist es, gerade für Fachleute, komplexe Zusammenhänge *einfach* darzustellen. So, dass sie jeder versteht. Das ist zum Beispiel die Aufgabe der Experten, die allabendlich in den verschiedenen Nachrichtenbeiträgen der Fernsehsender zu den Geschehnissen des Tages befragt und um eine Einordnung gebeten werden.

Für bestimmte Themen tauchen auch immer wieder die gleichen Köpfe auf: Ferdinand Dudenhöffer als Experte für die Automobilbranche, der Terrorismusexperte des ZDF, Elmar Theveßen, der Finanz- und Börsenexperte Dirk Müller oder der ehemalige Chefvolkswirt der Deutschen Bank, Norbert Walter (†), für volkswirtschaftliche Zusammenhänge. Sie alle haben die Gabe, auf ihrem Fachgebiet, die komplexen Ereignisse in der Branche für den Fernsehzuschauer einfach zu erklären. Deshalb sind sie so gefragt.

Weshalb tun sich aber nun Fachleute häufig so schwer damit, uns Laien die Dinge *einfach* darzustellen?

- Fachleute wollen in aller Regel fachlich fundiert argumentieren – das sind sie ihrem fachlichen Expertentum schuldig.

- Aus diesem Grunde müssen sie auch fachlich korrekt sein. Denn Fehler will sich als Profi niemand nachsagen lassen.

- Fachleute argumentieren sachlich, denn das unterstreicht die Seriosität.

- Leider abstrahieren sie sehr häufig, das heißt, sie verwenden wenige plastische Bilder, sondern vielmehr theoretische Zusammenhänge und Zusammenfassungen. Dabei setzen sie häufig für sie selbstverständliches Wissen voraus, das beim Gegenüber oder der Zielgruppe aber nicht immer vorhanden ist. (Ich muss nicht wissen, *wie* meine Heizung funktioniert – mir reicht es, *dass* sie gut funktioniert).

- Fachleute bleiben gerne allgemein, das heißt, sie verwenden dann wenig plastische und einleuchtende Beispiele, um die Ausführungen zu verdeutlichen.

Bei Nicht-Fachleuten ist es aber gerade umgekehrt:

Sie brauchen die fachlichen Erläuterungen eher oberflächlich. Denn die inneren Zusammenhänge, z.B. des Getriebes meines Autos, kann ich sowieso nicht nachvollziehen.

Mir als Nicht-Fachmann reicht es, wenn mir ein notwendiger Sachverhalt (Heizung defekt – ich benötige eine Neue) plausibel, also nachvollziehbar gemacht wird. Ich muss es nicht bewiesen haben. Dazu muss ich allerdings meinem Monteur auch vertrauen können.

Das bringt mich zum Punkt des Emotionalen und Menschlichen. Mich interessiert, eben weil ich dem Fachmann vertrauen will und muss, wie er tickt - was für ein Mensch er ist. Ob er zuverlässig arbeitet usw. Das sind für den Nichtfachmann wesentliche Komponenten, die der Fachmann als Experte gerne vernachlässigt. *Ihm* geht es mehr um die Sache und *uns Nichtfachleuten* geht es mehr um den Menschen. Während der Fachmann die Erläuterungen verallgemeinert und in theoretischen Zusammenhängen spricht, brauchen wir als Nichtfachleute konkrete, gute und einleuchtende Beispiele, damit wir dem Fachmann folgen und schließlich auch vertrauen können. Es liegt also im ureigenen Interesse von Fachleuten, wenn sie es mit Nichtfachleuten zu tun haben, ihre Kommunikation darauf einzustellen und eben nicht nur fachlich zu argumentieren, sondern auch und vor allem menschlich. Denn das ist der Schlüssel zum Erfolg.

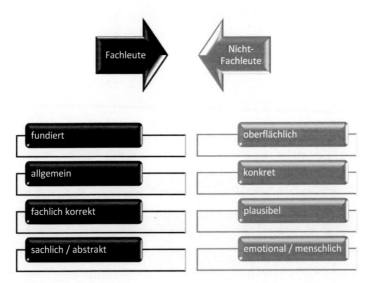

Abb. 13: Denkwelten

Es kommt nicht darauf an, was A sagt, ...

… sondern was B versteht, besagt eine wichtige Regel in der Kommunikation.

Geht es Ihnen auch manchmal so? Da sprechen Sie mit aller Engelsgeduld und ohne negative Emotionen mit Ihrem Gesprächspartner und haben dabei die ganze Zeit das Gefühl, dass er Sie nicht versteht. Dabei ist es doch gerade das Ziel von Kommunikation im Allgemeinen, Verständnis und Übereinkunft herbeizuführen.

Neben den allgemeinen Störfaktoren, die häufig in uns selbst liegen oder in unterschiedlichen Hirndominanzen und Denkansätzen, finden wir noch weitere Störkomponenten für eine wirkungsvolle Kommunikation.

Jedes Gespräch und jeder Vortrag dient dazu, eigene Anschauungen und Sichtweisen mitzuteilen und – wo möglich – den Adressaten in die eigene Gedankenwelt mitzunehmen. Die Zielvorstellungen können dabei unterschiedlich sein.

Wir wollen zum Beispiel überzeugen, informieren, teilhaben lassen, Mitleid erzeugen oder den anderen zu einer Handlung oder Unterlassung bewegen.

Alle diese Ziele sind jedoch gefährdet, wenn wir nicht verstanden werden. Wenn also der Empfänger meiner Botschaft seine „Antennen" anders justiert hat und entweder gar nichts, nur einen Teil oder etwas Falsches versteht.

Woran können diese Störungen liegen?

Kommunikationsstörungen können verschiedene Ursachen haben. Manchmal ist es auch eine Kumulation, also eine Anhäufung, von mehreren Gründen.

Hier einige Beispiele für Kommunikationsstörungen:

„Technische Störung"

Es liegt eine „technische Störung" vor. Ihr Gesprächspartner kann Sie nicht verstehen - entweder aus akustischen, übermittlungstechnischen oder aus sprachlichen Gründen.

Akustische Gründe:

- Sie sprechen zu leise.
- Ihr Gesprächspartner ist schwerhörig.
- Die Umgebungsgeräusche sind zu laut.
- Der Gesprächspartner ist körperlich abwesend, z.B. nicht mehr im Raum (ohne Ihr Wissen).

Übermittlungstechnische Gründe:

- Sie haben eine schlechte Telefonverbindung mit Unterbrechungen.
- Störgeräusche in der Nachrichtenübermittlung überlagern.
- Die Verbindung ist unterbrochen (ohne Ihr Wissen).

Sprachliche Gründe:

- Ihr Gesprächspartner spricht und versteht eine andere Landessprache.
- Sie verwenden eine Fachsprache, die der Gesprächspartner nicht versteht.
- Sie benutzen Fremdwörter, die der Gesprächspartner nicht versteht.
- Sie benutzen Abkürzungen, die der Gesprächspartner nicht versteht.
- Sie formulieren kompliziert und drücken sich nicht klar aus.

„Innere Störung"

Es liegt eine „innere Störung" vor. Ihr Gesprächspartner *kann* Sie entweder nicht verstehen oder er *will* Sie nicht verstehen.

Ihr Gesprächspartner *kann* Sie nicht verstehen:

- Unterschiedliche Hirndominanzen.
- Unterschiedlicher Erfahrungshorizont.
- Unterschiedliche Ausbildung.
- Unterschiedliche Fachkenntnisse oder unterschiedliche Allgemeinbildung.
- Zu viele oder zu wenige Informationen.
- Zu viele Details.
- Keine Bewertung des Gesagten.

Ihr Gesprächspartner *will* Sie nicht verstehen:

- Ihr Gesprächspartner ist abgelenkt und befindet sich mental woanders.
- Ihr Gesprächspartner ist blockiert und nicht aufnahmebereit.
- Ihr Gesprächspartner hat Vorbehalte gegen Sie oder gegen das Thema.
- Das Gespräch verläuft zu emotional, es herrscht ein Ungleichgewicht zwischen Beziehungs- und Sachebene.

Wenn wir uns das Vier-Ohren-Modell der Kommunikation von Friedemann Schulz von Thun noch einmal vor Augen führen, so stellen wir fest, dass das „Beziehungs-Ohr", also jener Wahrnehmungskanal des Menschen, der die Beziehung zwischen zwei Menschen analysiert, sehr ausgeprägt ist. Das bedeutet, dass viele Menschen sehr sensibel auf Kommunikationsstörungen in Beziehungsfragen reagieren. Die aufgeführten Beispiele erheben keinen Anspruch auf Vollzähligkeit. Meistens gibt es mehrere Gründe, die zu einer gestörten Kommunikation führen. Die Folge sind häufig Missverständnisse und daraus wiederum resultierend Beziehungsprobleme.

Kommunikationsstörungen können viele Ursachen haben – die meisten lassen sich erkennen und beheben.

Was bedeutet das nun konkret?

Was kann man tun, um Gespräche künftig besser und damit wirkungsvoller verlaufen zu lassen und so den gesteckten Zielen näher zu kommen?

Natürlich sollte man zunächst versuchen, die beschriebenen Störungen im Gespräch zu vermeiden oder, falls vorhanden, zunächst zu beseitigen. Doch nicht jedes Störpotenzial lässt sich beseitigen. So lassen sich zum Beispiel unterschiedliche Hirndominanzen, unterschiedliche Erfahrungen oder unterschiedliches Lebensalter zweier Gesprächspartner nicht vermeiden. In diesen Fällen muss man sich eben auf die erkannte Situation einstellen und sein Kommunikationsverhalten entsprechend anpassen.

So ist es für die meisten Menschen überaus wichtig, mit der richtigen „Augenhöhe" wahrgenommen zu werden. Denn niemand möchte gerne nur eine Nummer oder ein kleines Rädchen im Getriebe sein. Jeder möchte mit Respekt behandelt werden. Egal, auf welchen unterschiedlichen Ebenen in der Hierarchie sich die Gesprächspartner befinden.

Für uns gilt daher:

Eine wesentliche Voraussetzung für eine zielgerichtete und wirkungsvolle Kommunikation liegt in der *wertschätzenden* Behandlung unseres Gegenübers.

Abb. 14: Wertschätzender Umgang miteinander

Kapitel 4

Die Macht der Bilder

Das Bild ist die Botschaft

Ein Bild sagt mehr als tausend Worte. Diesen Spruch aus dem Volksmund kennt sicherlich jeder. Doch woher kommt diese Weisheit? Was ist es, was Bilder in uns auslösen?

Wir haben im zweiten Kapitel dieses Buches ja schon die Eindruck bildenden Elemente behandelt. Dabei haben wir festgestellt, dass die optische Wahrnehmung über die Hälfte zum Gesamteindruck eines Menschen beiträgt.

Warum ist das so? Warum haben Bilder diese große Wirkung auf uns?

Die Wirkung von Bildern

Das menschliche Großhirn lässt sich, wie wir schon festgestellt haben, in eine linke und rechte Hirnhälfte aufteilen:

„Der linken Seite werden Funktionen wie logisches, analytisches Denken und Sprache zugeordnet, der rechten Seite Kreativität, Emotionalität und räumliches Vorstellungsvermögen. Die rechte Seite bearbeitet dabei alle Sinneseindrücke, sie denkt in Bildern. Das heißt Bilder werden da aufgenommen, wo auch unsere Emotionen sitzen, während Texte meist sachlich verarbeitet werden, also vor allem in der linken Hälfte.

Der Mensch denkt, träumt, redet und erinnert sich in Bildern. Unsere Umwelt nehmen wir vor allem durch visuelle Eindrücke wahr. Als Folge produziert jeder Mensch in jeder Situation einen Vergleich zwischen dem inneren Gedächtnisbild und dem äußeren Wahrnehmungsbild *„Sich ein Bild machen".* Dieser Bildvergleich ist ein Prozess, der nicht bewusst abstellbar ist. Bilder werden wie die Realität wahrgenommen, obwohl sie nur einige Eigenschaften der Realität besitzen. Bilder können die Wirklichkeit sehr genau und objektiv wiedergeben; ein Abbild der Wirklichkeit schaffen."[13]

Eigenschaften von Bildern

Als Folge unserer Wahrnehmung besitzen Bilder folgende Eigenschaften für uns:

Hohe Kommunikationsgeschwindigkeit: Bilder sind das Erste, was wir - beispielsweise bei einer Werbeanzeige - wahrnehmen. In Bruchteilen von Sekunden haben wir Bildinhalte erfasst und sie für uns eingeordnet. Texte müssen erst gelesen und verstanden werden.

Hohe Anschaulichkeit und Verständlichkeit: „Ein Bild sagt mehr als tausend Worte" – Bilder wirken als Ganzes und werden parallel, also gleichzeitig, verarbeitet. Dagegen läuft die Verarbeitung sprachlicher Information sequentiell, also hintereinander, ab.

---

[13] Nach Hahn, Martin; hahnsinn.de

Hier wird die Botschaft linear, wie an einer Kette aufgezogen, vermittelt, und erst mit ihrem Abschluss fügen sich die Elemente zu einem Ganzen. Daher wirken Bilder im Vergleich zu Text sehr anschaulich und verständlich.

Hohe Erinnerungsrate: An einmal gesehene Bilder erinnern wir uns oft noch Jahre später. Aufgrund ihrer emotionalen Wirkung bleiben sie, im Vergleich zu Texten, länger und besser im Gedächtnis haften.

Subtile, unterschwellige Übermittlung von Einstellungen und Gefühlen: Bilder haben einen großen Erlebnis– und Unterhaltungswert. Das bedeutet auch, dass Bilder automatisch und unkontrollierbar emotionale Wirkungen hervorrufen können. Bilder eignen sich somit besser als Texte zur Vermittlung emotionaler Erlebnisse.

Hohe Glaubwürdigkeit: Bilder erscheinen als besonders objektiv und manipulationsunverdächtig, insbesondere dann, wenn sie nur flüchtig wahrgenommen werden.

Gegenüber Schriften und Texten, haben Bilder …

„…eine stärkere *Aktivierungswirkung*, es entsteht also eine schnellere Kontaktaufnahme zwischen Bild und Betrachter.

Die *Reihenfolgewirkung* bewirkt, dass ein Bild in der Kette der Informationsaufnahme an erster Stelle steht. Aufgrund der stärkeren Aktivierung kann man sich an Bilder auch besser erinnern als an Texte, wobei man von *Gedächtniswirkung* spricht.

Schließlich erzeugen Bilder auch eine stärkere *Erlebniswir-*

kung, das heißt, dass sie besser geeignet sind, emotionale Inhalte zu transportieren.[14]

Bilder erreichen die Menschen besser als Gehörtes oder Geschriebenes, weil sie durch unser Gehirn schneller erfasst und verarbeitet werden können. Sie lösen Emotionen in uns aus.

Das Bild ist die Botschaft

Bilder transportieren Emotionen

Abb. 15: Südseeimpression

Wenn wir uns diese schöne Südseeimpression ansehen, so werden sicherlich bei dem einen oder anderen positive Gefühle geweckt.

---

[14] Nach Wikipedia.de, Wirkung von Bildern, 2013
Bild poppixx gool/pixelio.de

Sommer, Sonne, Strand, Meer, Karibik oder Südsee – alles sind positiv besetzte Begriffe, mit dem eine auch entsprechende positive Emotion verbunden ist.

Emotionen II

Abb. 16: Herbststimmung

Gleiches gilt für die Herbststimmung auf diesem Bild. Man kann die frische Waldluft förmlich riechen: Den lockeren Waldboden, das Zwitschern der Vögel, die Ruhe, die uns in dieser Situation umgibt.

All diese Emotionen sorgen für ein ausgeglichenes Gefühl des Wohlbefindens.

Bild Axel Kleinknecht/pixelio.de

Das Bild ist die Botschaft!

Bilder wecken Erinnerungen

Abb. 17: Kyrill

Auf diesem Bild ist die Schneise der Verwüstung nach dem verheerenden Orkan „Kyrill", der im Jahr 2007 über Deutschland und halb Europa hinweggefegt ist, in einem Waldstück zu sehen.

Die Bäume sind damals wie Streichhölzer weggeknickt. Der Sturm hat große Schäden hinterlassen. Wenn ich mir dieses Bild ansehe, so werden die Erinnerungen an jene Nacht wach. Vielen wird es so gehen, dass sie sich beim Anschauen

Bild Jörg Eising/pixelio.de

dieses Bildes genau an diesen Tag oder an eine bestimmte Situation erinnern können.

Ich war als Journalist an diesem Tag mit meinem Kamerateam auf dem Weg von Düsseldorf nach Berlin zu einem Drehtermin. Wir fuhren einen roten Transporter, vollgestopft mit Kameraequipment, vom Nachmittag in den Abend hinein. In dieser Zeit wütete „Kyrill" sehr heftig. Unser Fahrer konnte auf der Autobahn nur mit Mühe gegen den starken Seitenwind ankämpfen. Wir hatten Angst von der Straße gefegt zu werden. Auf dem Weg nach Berlin passierten wir einige Unfallstellen, die von der Feuerwehr und den Rettungsdiensten bereits gesichert worden waren. Wir sahen viele umgestürzte Bäume. Am Ende sind wir aber glücklich und heil, spät in der Nacht, in unserem Hotel in Berlin angekommen. Niemandem aus unserem Team ist etwas passiert. Aus heutiger Sicht hätte ich allerdings besser daran getan, den Termin in Berlin abzusagen und im Rheinland zu bleiben.

Wissen Sie noch, was Sie an diesem Tag getan haben?

Auch das nachfolgende Bild verbinde ich mit einer persönlichen Geschichte, die in irgendeiner Form sicherlich in den meisten Menschen steckt, die den 11. September 2001 bewusst miterlebt haben:

Im Frühjahr des Jahres 2001 waren meine damalige Lebenspartnerin, die heute meine Ehefrau ist, und ich, auf einer Reise nach New York.

Dort haben wir uns, wie es die meisten Touristen machen, die Sehenswürdigkeiten der Stadt und auf der Insel Manhatten angesehen. Wir waren auch im World Trade Center.

In der dortigen Shopping Mall, im Untergeschoss des Gebäudekomplexes, haben wir zu Mittag gegessen. Das bunte Treiben der Menschen an diesem Platz hat uns gut gefallen; wir haben uns dort sehr wohl gefühlt.

Abb. 18: World Trade Center

Das Bild entstand auf der Überfahrt mit einer Fähre über den East River nach Brooklyn.

Es zeigt die Skyline von Manhatten mit dem ehemaligen World Trade Center im Mittelpunkt und der sich in einem Gebäude spiegelnden Sonne. Nachdem die Bilder zu Hause entwickelt worden waren (Digitalfotografie hatten wir damals noch nicht), war ich von diesem Foto hellauf begeistert. Denn es spiegelte für mich die Erinnerung an unsere wunderschöne Reise nach New York wieder.

Soweit so gut, doch die Geschichte geht noch weiter:

In diesem Jahr feierte ich einen runden Geburtstag. Meine Frau richtete aus diesem Anlaß für mich in unserem Garten eine Überraschungsparty mit unseren besten Freunden und lieben Verwandten aus.

Ich war an diesem Tag beruflich unterwegs und hatte mir vorgenommen, am frühen Nachmittag nach Hause zu kehren.

Es war der 11. September 2001.

Schon am Vormittag hörte ich über den Rundfunk von den schrecklichen Ereignissen in Amerika. Als ich nach Hause kam, stand die ganze Partygesellschaft vor dem Fernsehgerät und schaute sich erschrocken und entsetzt die Bilder an, die die Welt danach in vielen Lebensbereichen verändern sollten. Meine Frau und einige Freunde hatten sich zusammengetan, um mir ein besonderes Geburtstagsgeschenk zu machen.

Sie haben mir, auf Leinwand gezogen, eine Fotografie im DIN-A1-Format vergrößern und rahmen lassen:

Es war das von mir so geliebte Bild vom World Trade Center! - Ausgerechnet heute!

Sie können sich sicherlich vorstellen, liebe Leserinnen und Leser, welche Emotionen dieses Geschenk, gerade in Verbindung mit dem schlimmen Weltereignis, in mir, meiner Frau und unseren Gästen auslöste.

Mir läuft noch heute ein Schauer über den Rücken, wenn ich daran denke.

**Bilder wecken Erinnerungen!
Emotionen? – Ganz bestimmt.**

Bilder erzählen Geschichten

Abb. 19: Überschwemmung

Immer wieder treten die Seen und Flüsse in Deutschland und Europa über die Ufer und berauben viele Menschen ihrer Existenzgrundlage.

Denken Sie nur an die Hochwasserkatastrophe 1962 in Hamburg, die Oderflut 1997 oder die große Flut an Elbe und Donau 2013, die halb Europa über Wochen in Atem hielt.

Zigtausende von Helfern waren im Einsatz, um das Leben der Menschen und ihr Hab und Gut zu retten.

Es gab natürlich viel Medienberichterstattung über das Schicksal der betroffenen Menschen. Meistens war sie emotional aufbereitet: Weinende Hausbesitzer, die ihr Heim verloren hatten, Kleinunternehmer, die plötzlich vor einer Geschäftsaufgabe standen oder Hoteliers, denen die Gäste ausblieben. Bilder erzählen von sich aus aber nicht die ganze Geschichte, die hinter ihnen stecken. Denn Bilder können unterschiedlich interpretiert werden.

Und damit bilden sie gleichsam eine eigene Wahheit.

Wenn wir uns das Bild der Überschwemmung am Fluss ansehen, so bin ich mir sicher, dass jeder Betrachter seine eigene Geschichte zu diesem Bild erzählen kann. Etwas Persönliches aus der Erinnerung, eine eigene Deutung des Bildes oder eine fiktionale Rahmenhandlung.

Entscheidend aber ist:

Es sind jedes Mal unterschiedliche Geschichten.

So unterschiedlich, wie wir Menschen sind, so vielfältig sind auch die Interpretationsmöglichkeiten von Bildern.

Ein Bild sagt mehr als tausend Worte.

Bilder wecken Sehnsüchte

Abb. 20: Sehnsucht

Wer sehnt sich nicht nach Liebe und Geborgenheit? Dieses Bild symbolisiert die glückliche Zweisamkeit, die die meisten Menschen bevorzugen.

Gerade Menschen, denen das Glück einer Partnerschaft fürs Leben nicht beschieden ist, die sie aber suchen, sind sehr empfänglich für die Reize, die dieses Bild ausstrahlt. Wenn wir uns angesprochen fühlen, so weckt es die Wünsche in uns, diese Situation ebenfalls zu erleben.

Vielleicht motiviert es uns ja, eine eingeschlafene Beziehung zu einem lieben Menschen wieder mit neuem Leben zu füllen oder uns konkret auf die Suche nach einem Partner zu machen.

Bild Ruth Klapproth, 2013

Das Wecken solcher Gefühle, verbunden mit dem Appell: *„Jetzt aktiv werden!"*, macht sich auch die Werbebranche zu Nutze, um uns z.B. zum Kauf eines neuen Autos zu bewegen.

Das Wecken von Sehnsüchten setzt Energien frei.

Bilder wecken Ur-Ängste

Abb. 21: Brennendes Haus

Gerade Nachrichtenmagazine, als Zeitschrift gedruckt oder in der Radio- und Fernsehberichterstattung, arbeiten gerne mit Schreckensbildern.

Bild Jens Weber/pixelio.de

Denn Schreckensbilder sind emotional. Und damit sprechen sie die Menschen direkt an. Sie wecken Ur-Ängste in uns und erzeugen damit ein erhöhtes Interesse. Es ist das Geschäft mit der Angst der Menschen.

Gegen Ur-Ängste kann man sich nicht wehren. Egal, ob ein Flugzeugabsturz, ein Vulkanausbruch, eine Feuersbrunst, eine Jahrhundertflut, eine kontinentale Seuche oder der Zusammenbruch der Weltwirtschaft beschrieben wird: Immer sind es Schreckensbilder, Horrorvisionen eines Szenarios, die die Menschen berühren.

Sie sind diesen Ereignissen hilflos ausgeliefert, weil sie sich ihnen nicht entziehen können. Das macht den Menschen zu schaffen.

Immer sind vitale, also lebenswichtige Umstände berührt. Diese Botschaften werden in Schreckensbildern ausgemalt und über physische Bilder transportiert.

Wer möchte schon so einen Brand seines Eigentums, wie auf dem Bild gezeigt, erleben?

Das Bild weckt unser Interesse, weil wir als Betrachter sofort eine persönliche Beziehung oder Erinnerung ähnlicher Situationen zu den Inhalten aufbauen. Es spricht uns sofort an, weil die persönliche Sicherheit, wie sie die *Maslowsche Bedürfnispyramide* [22] definiert, als ein wesentliches Bedürfnis des Menschen gilt. Der US-amerikaische Psychologe Abraham Maslow (1908-1970) beschreibt in diesem Modell die Hierarchie der menschlichen Bedürfnisse. Angefangen von den Grundbedürnissen, zum Beispiel nach Nahrung und Schlafen, über die Bedürfnisse nach sozialer Anerkennung, bis hin zur Selbstverwirklichung.

---

[22] Abraham Maslow, A Theory of Human Motivation, 1943

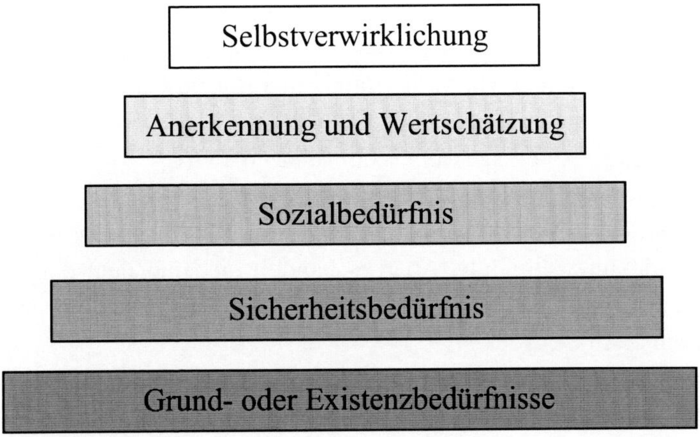

Selbstverwirklichung

Anerkennung und Wertschätzung

Sozialbedürfnis

Sicherheitsbedürfnis

Grund- oder Existenzbedürfnisse

Abb. 22: Bedürfnispyramide nach Abraham Maslow

Bilder schaffen eigene Wahrheiten

Abb. 23: Brennendes Auto

Bild Uwe Bergeest/pixelio.de

Nicht immer stimmt die Interpretation, also die Deutung der Geschehnisse, auf einem Bild. In diesem Bild scheint ein Auto nach einem Unfall in Flammen aufgegangen zu sein.

Wie wir am Feuerwehrschlauch im Vordergrund sehen können, ist die Feuerwehr wohl schon vor Ort.

Diese Interpretation *könnte* stimmen – tut sie aber nicht. Denn das Bild erzählt uns nur die halbe Wahrheit: Das Auto brennt unzweifelhaft. Aber es handelt sich bei dem dargestellten Szenario lediglich um eine Feuerwehrübung zu Demonstrationszwecken.

Dieser Umstand ist dem Bild nicht zu entnehmen, denn es erzählt augenscheinlich etwas anderes. Aus diesem Grund ist es so wichtig, sich nicht nur auf die Aussagekraft von Bildern in einem Kontext, also im Zusammenhang mit einer erzählten Geschichte, zu verlassen.

Denn Bilder können auch manipuliert, retuschiert und verfälscht werden. Gerade in der heutigen Zeit können, dank Photoshop und Co., eigene Wahrheiten mit Bildern geschaffen werden. Deshalb ist im Umgang mit unbekanntem Bildmaterial, auch und gerade in der Berichterstattung, immer Vorsicht angesagt.

Bilder können die Öffentlichkeit und damit letzten Endes auch politische Entscheidungen beeinflussen.

In der Kommunikation setzen wir Bilder ein, um Gesagtes plastischer, begreifbarer zu machen. Wir wollen überzeugen und Menschen für unsere Ziele gewinnen. Und Bilder bleiben besser im Gedächtnis.

Bilder bleiben im Gedächtnis.

Kino im Kopf

Zahlen merken

Haben Sie sich auch schon einmal gefragt, wie die Zahlenkünstler, die ab und zu in Fernsehshows zu sehen sind, es schaffen, sich eine fast endlose Kolonne von hintereinander aufgelisteten Zahlen zu merken?

Sie spulen, scheinbar mühelos, eine vorher aufgezeigte Zahlenreihe von 50 und mehr Zahlen hintereinander und ohne die Reihenfolge zu verwechseln, wieder ab. Wie geht das? Ich scheiterte früher schon häufig an der vierstelligen PIN-Nummer meiner EC-Karte. Heute geht es besser.

Nun, es gibt mehrere Möglichkeiten und Tricks, um sich Zahlen besser merken zu können. *Ein* Geheimnis liegt im Aufbau einer Bildergeschichte.

Die Zahlenkünstler verknüpfen dabei jede Zahl von Null bis Neun, also lediglich zehn verschiedene Zahlen, mit einem bestimmten Begriff, der sich für sie leicht zu merken ist.

Beispiel für eine Verknüpfung von Zahlen:

0 = Ei
1 = Einhorn oder Baumstamm
2 = Zwillinge
3 = Dreirad
4 = Wagen (mit vier Rädern)
5 = Hand (mit fünf Fingern)
6 = Würfel (mit sechs Seiten)
7 = Siebenschläfer, sieben Zwerge
8 = Sanduhr, Achterbahn
9 = Kegelspiel[24]

---

[24] Nach zeitblueten.com, 2013

Natürlich können Sie sich, wenn Sie es einmal selbst ausprobieren möchten, zu den Zahlen eigene Bilder ausdenken – das ist sogar besser. Ihre eigenen Bilder werden Sie sich leichter merken können.

Wenn Sie sich nun beispielsweise Ihre neue Telefonnummer 78406 merken wollen, überlegen Sie sich mit diesen Zahlen eine kleine Geschichte. Was mir dazu einfällt:

> Die **sieben Zwerge** fahren auf der **Achterbahn** mit einem **Wagen**, überfahren dabei ein **Ei** und gleich danach noch einen **Würfel** (diese schlimmen Zwerge!)

Das Erstaunliche dabei ist: Die meisten von uns merken sich einen solchen unsinnigen Satz viel besser und schneller als eine nüchterne Zahl. Probieren Sie es einmal selbst aus – Sie werden feststellen: Es klappt erstaunlich gut!

In Bildern sprechen

Ein weiteres Beispiel der Assoziation von Zahlen mit Bildern macht folgende kleine Geschichte deutlich:

> Ein Zweibein sitzt auf einem Dreibein und isst ein Einbein. Da kommt ein Vierbein und klaut dem Zweibein das Einbein. Da nimmt das Zweibein das Dreibein und wirft es nach dem dem Vierbein.[25]

Können Sie diese Geschichte jetzt frei wiedergeben?

---

[25] Nach kik-seminare.at, 2013

Diese Geschichte nachzuerzählen, bereitet vielen Menschen Probleme. Unser Gedächtnis hat Schwierigkeiten damit, die vielen Beine in die richtige Reihenfolge zu bringen.

Da unsere linke Gehirnhälfte des Großhirns eher für den analytischen und linearen Teil zuständig ist, ist in unserem Beispiel auch eher dieser Teil unseres Gehirns für diese Aufgabe vorgesehen. Es hilft aber, beide Gehirnhälften einzusetzen. Denn die rechte Hälfte ist, wie wir bereits besprochen haben, für den Kreativanteil zuständig.

Wie kann man sich so eine Geschichte merken?

Auch in diesem Beispiel gilt: Das Gedächtnis kann sich Zahlen oder abstrakte Informationen besser merken, wenn man gedanklich ein Bild dazu malt, in dem die Informationen einzelnen Bildern zugeordnet werden. Mit Hilfe dieser Einzelbilder lässt sich dazu eine amüsante Geschichte erfinden.

Jetzt kommt also Fantasie und Kreativität ins Spiel. Unsere Geschichte könnte deshalb wie folgt lauten:

> Ein Mensch (Zweibein) sitzt auf einem Hocker (Dreibein) und isst ein Hühnerbein (Einbein). Ein Hund (Vierbein) kommt vorbei und nimmt dem Menschen (Zweibein) das Hühnerbein (Einbein) weg. Der Mensch (Zweibein) wirft dem Hund (Vierbein) dann aus Ärger den Hocker (Dreibein) hinterher.

Merkt man sich die Geschichte in dieser Form, wird auch die rechte Gehirnhälfte angeregt, deren Stärke das analoge und assoziative Denken ist. So kann man sich die Geschichte schon besser merken und im Übrigen auch als Zahlenreihe, ohne zu stocken, wiedergeben. Sie brauchen nur während des

Sprechens die Geschichte vor Ihrem geistigen Auge, wie einen Film, ablaufen zu lassen. Das erzeugt bei Ihnen selbst „Kino im Kopf".

Denken Sie daran: Es geht in der zielführenden und wirkungsvollen Kommunikation darum, andere auf dem Weg zum eigenen Ziel, zu überzeugen und „mitzunehmen".

Aus diesem Grunde muss auch bei unserem Gegenüber dieses Kino im Kopf erzeugt werden. Das geht nur mit einer bildhaften Sprache. Arbeiten Sie, wo immer es geht, mit Beispielen. Am besten aus der eigenen Erlebniswelt oder dem Erfahrungshorizont Ihres Gesprächspartners. Bevorzugen Sie dabei persönliche Beispiele, weil diese Sie damit auch gleichzeitig authentisch und glaubwürdig machen.

Vermeiden Sie, soweit möglich, Abstrahierungen, also die gedankliche Zusammenfassung von Einzelmerkmalen oder die Bildung von sprachlichen Kategorien.

So ist es für die Entstehung von Kino im Kopf besser, von den bildhaften Gegenständen „Sofa", „Tisch", „Schrank", „Lampe" usw. zu sprechen, als von „Einrichtungsgegenständen". Denn zu dem Wort „Einrichtungsgegenstände" fehlen Bilder im Kopf.

Bleiben Sie also so konkret, wie es geht. Bringen Sie, wo immer es angebracht ist, Beispiele zu Ihren Ausführungen.

Wenn Sie eine Rede halten und Sie viele Abstrahierungen im vorgestellten sprachlichen Sinn verwenden, kann es Ihnen passieren, dass Sie Ihre Zuhörer gedanklich verlieren, wenn wegen fehlender Bilder das Kino im Kopf nicht funktioniert. Es entstehen sozusagen Bildlücken, die nur schwarze Bilder zeigen und beim Zuhören durch eine eigene Interpretation gefüllt werden müssen. In diesem Augenblick kann sich der Zuhörer nicht voll auf Ihre Ausführungen konzentrieren, weil er sich fragt: „Wie meint der Redner das? Was will er uns damit sagen?"

Erst, wenn der Zuhörer eine für sich annehmbare Lösung, mit allen Unsicherheiten der Richtigkeit, gefunden hat, kann er Ihnen wieder folgen. In der Zwischenzeit haben Sie diese Zuhörer mit Ihren Botschaften aber nicht erreicht.

Deshalb gilt: Sprechen Sie immer möglichst konkret und mit Beispielen.

Lassen Sie den Draht zu Ihrem Zuhörer nicht abreissen – sprechen Sie in Bildern!

Die Macht der inneren Bilder

„Innere Bilder – das sind all die Vorstellungen, die wir in uns tragen und die unser Denken, Fühlen und Handeln bestimmen. Es sind Ideen und Visionen von dem, was wir sind, was wir erstrebenswert finden und was wir vielleicht einmal erreichen wollen.

Es sind im Gehirn abgespeicherte Muster, die wir benutzen, um uns in der Welt zurechtzufinden. Wir brauchen diese Bilder, um Handlungen zu planen, Herausforderungen anzunehmen und auf Bedrohungen zu reagieren. Aufgrund dieser inneren Bilder erscheint uns etwas schön und anziehend oder hässlich und abstoßend. Innere Bilder sind also maßgeblich dafür, wie und wofür wir unser Gehirn benutzen.

Das Gehirn als Bilder erzeugendes Organ

Wer Augen hat zum Sehen, Ohren zum Hören, eine Nase zum Riechen, Haut zum Fühlen, für den ist die Welt voller Bilder.

Allerdings braucht er dazu noch ein Gehirn, und das muss möglichst offen sein für alles, was über die Sinnesorgane dort, in den sensorischen Arealen der Hirnrinde, ankommt.

Aus dem bisher bereits Gesehenen und dem nun noch neu Hinzugekommenen wird so ein bestimmtes inneres „Sehbild", aus dem Gehörten ein inneres „Hörbild", aus dem Gerochenen ein inneres „Geruchsbild", aus dem Ertasteten ein inneres „Tastbild".

Wenn eines dieser Erregungsmuster stark genug ist, um sich auch auf solche Hirnbereiche auszubreiten, die für die Bewertung von im Gehirn erzeugten Erregungszuständen verantwortlich sind, so wird die Aufmerksamkeit der betreffenden Person auf das in den assoziativen Arealen[26] entstandene innere Bild gelenkt: Jetzt erst wird es bewusst wahrgenommen." [27]

In der strategischen Kommunikation ist es wichtig, diese inneren Bilder bei unseren Gesprächspartnern zu erzeugen.

Denn die Macht der inneren Bilder erzeugt Visionen! Und unseren Visionen, wenn wir sie einmal für uns angenommen haben, wollen wir folgen. Wenn es uns also gelingt, unsere Überzeugungskraft bei unserem Gegenüber in innere Bilder, in Visionen „einzubauen", dann haben wir wirkungsvoll kommuniziert.

Doch, nur wenn wir selbst von einer Sache oder einer Idee überzeugt sind, wird es uns gelingen, auch andere zu überzeugen. Mit Überzeugen meine ich hier die freiwillige Zustimmung des Gegenübers - nicht das Überreden.

---

[26] Gedanken verbindende Bereiche im Gehirn (Anm. d. Verf.)
[27] Nach Gerald Hüther, Die Macht der inneren Bilder, Vandenhoeck & Ruprecht, 2011

Wikipedia meint dazu:

> „Überzeugen ist ein kommunikatives Handeln, bei dem der Sprechende die freiwillige Zustimmung seines Partners zu einem Informations- und Identifikationsangebot erhält. Dies kann durch rhetorische und dialektische Mittel geschehen, indem beispielsweise Beweise bzw. Argumente dargelegt werden oder Tatsachen geschaffen werden.
>
> Überzeugungstransfer im Verkauf einer Ware oder einer Meinung kann in der Regel nur gelingen, wenn der Sprechende die Übersicht über sein Thema und die Aussagen behält und der Käufer Glauben und Vertrauen in den Verkäufer entwickelt, dass dieser ehrlich informiert. Dazu gehören aber auch Glauben und Vertrauen des Verkäufers in den Käufer, dass dieser gute Gründe für seine Position hat.
>
> Seit Aristoteles werden Rhetorik und Dialektik im Sinne einer überzeugenden Kommunikation gelehrt. Sie sind wichtige Methoden beim Meinungstransfer und in der Verkaufstechnik. Rhetorik ist die Kunst des überzeugenden (monologischen) Sprechens, Dialektik ist die Kunst der (dialogischen) Gesprächsführung."[28]

Wir brauchen selbst ein fest umrissenes Bild vom anvisierten Ziel, eine finale Imagination, also eine geistige Vorstellung, die unser eigenes Handeln lenkt, wollen wir dieses Bild bei anderen entstehen lassen.

Menschen, denen das häufig gelingt, von denen sagt man, sie „haben Charisma". Charismatische Menschen haben eine besondere Ausstrahlung.

---

[28] Nach Wickipedia, Überzeugen, 2013

Ihnen gelingt es länger als anderen, die Aufmerksamkeit ihrer Mitmenschen zu binden. Charismatiker strahlen Tatkraft und Selbstvertrauen aus. Sie sprechen aus dem Brustton ihrer Überzeugung. Das macht sie so besonders.

Viele Menschen nehmen sich in der Argumentation häufig selbst zurück und bauen, meistens ohne sich dessen bewusst zu sein, sogenannte „Weichmacher" in ihre Kommunikation ein. Das führt manchmal zur Verunsicherung der Zuhörer oder des Gesprächspartners. Denn das Gegenüber weiß dann nicht genau, welche Position der Sprechende hat - was er genau meint.

Es ist damit das Gegenteil einer unmissverständlichen und klaren Botschaft eingetreten.

In der wirkungsvollen Kommunikation wollen wir aber mit klaren Botschaften überzeugen. Diese Weichmacher und weitere sprachliche Unklarheiten, schauen wir uns im Folgenden noch näher an.

Wollen Sie lieber ein überzeugender Charismatiker mit klaren Botschaften oder ein „Weichmacher" sein?

Sie entscheiden selbst!

Kapitel 5

Das (schwierige) Gespräch

Gesprächsvorbereitung

In allen Gesprächen, zumal in kritischen oder wichtigen Gesprächen, z.B. im Rahmen einer Vertragsverhandlung oder bei einem öffentlichen Auftritt, kommt es natürlich auch auf das Gesagte an, welche Wirkung wir erzielen und ob wir am Ende Erfolg haben. Das hängt im strategisch angelegten Gespräch von unserer Zielstellung ab.

Fragen Sie sich:

- Wie will ich wirken?
- Was möchte ich, dass mein Gesprächspartner mitnimmt?
- Wo will ich ihn hin haben?
- Was soll er tun?

Diese Überlegungen sind Teil einer guten und gewissenhaften Vorbereitung auf jede wichtige Gesprächssituation.

Wie kann so eine Vorbereitung aussehen?

1. Überlegen Sie, was der Gesprächspartner will

Nicht nur aus empathischen Gründen sollten wir vor dem Gespräch antizipieren, also vorausschauend überlegen, was dem Gesprächspartner wichtig sein könnte. Gerade aus strategischen Gründen ist es wichtig, sich im Vorhinein zu überlegen, worauf unser Gesprächspartner möglicherweise hinaus will, was ihm wichtig sein könnte. Gegebenenfalls kann man schon Maximalpositionen des Gegenübers bestimmen und sich vorab überlegen, an welchen Stellen man selbst bereit ist, nachzugeben und wo nicht.

Dieser „Fahrplan" hilft, durch ein kritisches oder schwieriges Gespräch zu navigieren.

2. Definieren Sie Ihre eigenen Ziele und Botschaften

Dann, wenn Sie sich über mögliche Ziele und Absichten Ihres Gesprächspartners klar geworden sind, ist es an der Zeit, sich Ihre eigene Position zu überlegen.

- Was habe ich dem anderen entgegenzusetzen?
- Wo können wir Übereinstimmung erzielen?
- Bis wohin kann ich gehen?
- Was ist der andere wohl bereit, zu akzeptieren?
- Was ist mir besonders wichtig?
- Was muss der andere auf jeden Fall wissen und verstanden haben?

Sie sehen:
Für die eigene Vorüberlegung zu einem wichtigen Gespräch gibt es eine Menge Fragen, die man sich tunlichst *vor* dem Gesprächsbeginn stellen und nach Möglichkeit beantworten sollte. Das erleichtert den Gesprächsverlauf ungemein.

3. Nehmen Sie sich die nötige Zeit für die Vorbereitung

Sorgen Sie für Ruhe während der Gesprächsvorbereitung. Zur Not schließen Sie sich ein, stellen das Telefon um und das Mobiltelefon aus. Treffen Sie die Vorbereitung nicht „im Vorbeigehen". Dazu steht möglicherweise, je nach Ausgangssituation, zu viel auf dem Spiel. 20 Minuten, eine halbe Stunde oder eine ganze Stunde Zeit zur Vorbereitung sollen es schon sein.

Entscheidend ist, dass Sie sich konzentrieren können und möglichst viele Varianten eines Gesprächsverlaufs und die Schwerpunktfakten noch einmal durchdenken können.

Als Kommunikationstrainer von Managern und Führungskräften aus der Wirtschaft und der Politik, übe ich mit meinen Klienten vor deren wichtigen Terminen häufig einen ganzen Tag vorher, die wesentlichen Botschaften bei ihrem öffentlichen Auftritt auf den Punkt zu bringen.

Sei es vor einer Pressekonferenz, einer Rede vor der Belegschaft oder vor einem Interviewtermin mit einer Zeitung, dem Radio oder dem Fernsehen. Manchmal üben wir noch bis wenige Stunden oder sogar wenige Minuten vor diesem Termin. Hier wird nichts dem Zufall überlassen – das ist professionelle Vorbereitung.

4. Konzentrieren Sie sich auf Ihre Botschaften.

Ihre Botschaften sind das A und O in jedem zielgerichteten Gespräch! Warten Sie nicht, bis Sie etwas Passendes gefragt werden, um dann die entsprechende Botschaft „ziehen" zu können. Sie müssen aktiv mit Ihren Botschaften arbeiten und sie platzieren. Hierbei hilft die „Brückentechnik", die wir uns noch im nächsten Kapitel ansehen werden. Sie brauchen vier bis fünf Kernbotschaften, die Sie in abgewandelter Form immer wieder senden können, allerdings ohne, dass Ihr Gegenüber denkt, dass Sie etwas auswendig gelernt haben - und ohne das er denkt, dass Sie nicht auf ihn eingehen. Zu diesem Verfahren gehört ein wenig Übung. Das sollte man praktisch ausprobieren.

Wenn Sie den Dreh des geschickten Einsatzes von Botschaften einmal gefunden haben, dann werden Sie merken, dass es wunderbar funktioniert. Sie werden sogar in der Lage sein, Gespräche zu steuern.

Deshalb üben Sie vor jeder wichtigen Gesprächssituation den Einsatz Ihrer Botschaften. Das festigt sie und erleichtert die spätere Verwendung.

5. Legen Sie fest, worüber Sie *nicht* sprechen werden.

Werden Sie sich im Zuge der Gesprächsvorbereitung bewusst, welche Punkte oder Themen Sie nicht ansprechen wollen. Das ist wichtig, damit das Gespräch nicht, ohne dass Sie es wollen, von *Ihrem* Schwerpunktthema und Ihrer Interessenslage wegdriftet. Manchmal passiert es auch, dass Sie selbst unbeabsichtigt eine neue „Baustelle" aufmachen, über die Sie gar nicht sprechen wollten. Insbesondere dann, wenn Sie mit einer Randbemerkung etwas ansprechen, was für Ihren Gesprächspartner von hohem Interesse ist oder er die Gelegenheit nutzt, von Ihrem eigentlichen Thema abzulenken.

6. Vermeiden Sie sowohl unverbindliche, als auch missverständliche Aussagen.

Den Raum für Missverständnisse haben wir ja bereits erkundet. Überall, wo dieser Raum existiert, wird aller Wahrscheinlichkeit nach von Ihrem Gegenüber auch etwas „missverstanden". Entweder, weil es wirklich so ist oder aus gesprächstaktischen Gründen. Vor allem, wenn es in einem kritischen Gespräch um gegensätzliche Positionen geht. Dann werden aus Sachfragen schnell Beziehungsfragen und der gesamte Gesprächsverlauf steht auf dem Spiel. Seien Sie so verbindlich, wie es die Situation zulässt und schaffen Sie unmissverständliche Klarheit über Ihre Position. Auch wenn es in der konkreten Situation schwerfällt, sich verbindlich festzulegen: Sie können im Nachhinein nicht falsch ausgelegt werden.

Deshalb überlegen Sie sich vor Gesprächsbeginn Formulierungen, die Ihre Botschaften klar und deutlich transportieren.

Widerstandswörter oder Verbindungswörter?

In wichtigen Gesprächen, in denen es auf die Überzeugungskraft ankommt, um unsere Ziele zu erreichen, hängt viel vom eigenen Sprachstil ab.

Das können wir beeinflussen durch die Art, welche Worte wir benutzen. Mit der Wortwahl bestimmen wir den Charakter eines Gespräches und vermitteln einen bestimmten und beabsichtigten Eindruck bei unserem Gesprächspartner. Wie wollen wir in der jeweiligen Situation wahrgenommen werden? Ärgerlich, Wütend, Mild, Ausgeglichen usw. Über die Wortwahl können wir sehr viel steuern, wenn wir sie bewusst einsetzen. Oder auch zunichtemachen, wenn die Worte nicht gewählt sind und nicht zur Situation oder der eigenen Zielstellung passen.

Jeder Mensch hat seine Lieblingswörter und setzt sie deshalb auch häufig ein. Auch der Satzbau ist sehr individuell. In der deutschen Sprache gibt es sehr viele geeignete und auch weniger geeignete Wege, um die gleichen Dinge auszudrücken oder zu veranschaulichen.

Vieles nimmt man dabei als Zuhörer nur unterschwellig war. Aus dieser unterschwelligen Wahrnehmung ergibt sich dann häufig auch der Sympathiewert – positiv oder negativ. Weißer Hut oder schwarzer Hut? Die Überzeugungskraft hängt von drei Komponenten ab: Kompetenz, Glaubwürdigkeit und Sympathiewert. Das kann man beeinflussen.

Abb. 24: Die Diskussion

Wenn ich positiv wahrgenommen werden will, so sollte ich mich um einen *konfliktreduzierenden Sprachstil* bemühen.

Dazu gehört der Einsatz von sogenannten Verbindungswörtern, statt von Widerstandswörtern.

Schauen wir uns zunächst einmal einige Widerstandswörter an. Das sind Wörter die typischerweise benutzt werden, wenn sich innerer Widerstand regt. Meistens werden sie unbewusst benutzt.

Ganz oben auf unserer Negativ-Liste steht das Wörtchen „Aber". Denn wer das Wort „Aber" einsetzt, macht Vorbehalte geltend – bewusst oder unbewusst.

Zum Beispiel:

> „Sie haben recht, die Arbeiten dauern sehr lange, *aber bedenken Sie, dass wir ...*".

Bild Ruth Klapproth

Hier endet der zweite Teilsatz mit einer Einschränkung – und die wirkt negativ. Vielleicht geht es mit dem Einsatz des Verbindungswörtchens „und" besser? Probieren wir es einmal:

> „Sie haben Recht, die Arbeiten dauern sehr lange, **und** *deshalb werden Sie auch besonders gut.*"

Das klingt doch schon viel besser. Oder nehmen wir dieses Beispiel:

> Sagen Sie künftig: "Ja, das ist gut, und wenn ...", statt: "Ja, das ist gut, aber Sie sollten ..."

Denn das Wörtchen "aber" macht alles zunichte, was Sie davor gesagt haben.

In vielen Fällen, in denen das Wort „aber" eingesetzt wird, ist es gar nicht nötig und signalisiert Widerstand, wo gar keiner vorhanden ist. Achten Sie einmal auf sich selbst und Ihre Umgebung, wie oft dieses Wort eingesetzt wird. Den sparsamen Umgang kann man sich gut merken, wenn man sich den nicht ganz ernst gemeinten Grundsatz vor Augen hält:

> **„Alles vor dem „Aber" ist gelogen!"**

Dahinter steckt die Idee, dass wir häufig Dinge sagen, die wir mit dem „Aber" wieder zurückholen. Also das vorher Gesagte nicht so meinen. Das trifft häufig zu, wenn ein zweiter Teilsatz mit dem „aber" eingeleitet wird.

> „Ich schätze Ihre Arbeit für unsere Firma sehr, **aber** vermutlich müssen wir uns von Ihnen trennen."

Offensichtlich schätzt dieser Personalchef den Mitarbeiter und seine Arbeit doch nicht so sehr. Er wirkt unglaubwürdig. Vielleicht klappt es so besser:

„Ich schätze Ihre Arbeit für unsere Firma sehr **und** deshalb werde ich mich persönlich bei der Geschäftsleitung für den Erhalt Ihres Arbeitsplatzes einsetzen."

Das wirkt schon verbindlicher. Tatsächlich ist in beiden Fällen noch offen, ob die Entlassung bevorsteht.

Klassische Widerstandswörter sind:

- Aber
- Dennoch
- Trotzdem
- Obwohl
- Auch wenn
- Dagegen

Hingegen sind Verbindungswörter:

- Und
- Da
- Und so
- Während
- Darüber hinaus
- Damit

Beispiele für die Benutzung von Widerstandswörtern v/s Verbindungswörtern:

Widerstand:

„Es ist richtig, dass die Installation viel Geld kostet, *trotzdem sollten Sie sich dafür entscheiden.*"

Verbindung:

„Es ist richtig, dass die Installation viel Geld kostet, *darüber hinaus sparen Sie langfristig das Doppelte.*"

Entscheidend ist, welches Gefühl das Gesagte beim Gesprächspartner hinterlässt. Ein positives (Einsatz von Verbindungswörtern) oder ein eher negatives (Einsatz von Widerstandswörtern)? Von dieser Gefühlslage hängt häufig der Fortgang des Gespräches ab. Brauchen wir für unsere Zielstellung ein eher positives Grundgefühl, so sollten wir auf den Gebrauch von Widerstandswörtern weitgehend verzichten.

Hier noch einige Beispiele für den bewussten Einsatz von positiv belegten Wörtern und die Vermeidung von negativ belegten Wörtern:

- o **"Und" statt "trotzdem":** Auch in diesem Fall ist "und" besser: "Ich verstehe, dass Sie sich nicht gleich entscheiden, **und** darum ...", statt: "Ich verstehe, dass Sie sich nicht gleich entscheiden wollen, **trotzdem** wäre es besser ..." Denn "trotzdem" suggeriert, dass es Ihnen eigentlich egal ist, welche Wünsche, Erwartungen, Zweifel oder Fragen der Gesprächspartner hat.

- o **"Damit" statt "dagegen":** Optimal ist der Satz: "**Damit** wir unser Ziel diesen Monat erreichen, werde ich heute mit jedem Einzelnen aus dem Vertrieb sprechen und herausfinden, welche praktische Unterstützung er von mir braucht." "Damit" bringt sofort zum Ausdruck, dass Sie eine Lösung suchen. Weniger gut ist hingegen der Satz: "Was kann ich bloß **dagegen** tun, dass der Vertrieb so schlechte Zahlen bringt?"

o **Vermeiden Sie ein schroffes "doch":** "Doch" hat gewöhnlich eine sehr negative Wirkung auf den Gesprächspartner. Sagen Sie deshalb: "Ich halte es für richtig, dass wir das so machen." statt: "**Doch!** Das machen wir so!"

o **"So nicht" statt "nein":** Sagen Sie am besten: "Das gefällt mir **in dieser Form nicht.**" und: "Ich habe dafür im Moment keine Zeit.", statt: "**Nein,** das gefällt mir nicht." beziehungsweise: "Nein, ich habe keine Zeit!"

o **Streichen Sie "nur" und "bloß" in Ihrem Sprachgebrauch:** Sagen Sie: "Ich sage meine Meinung.", "Das ist meine Idee.", statt "Ich sage **bloß** meine Meinung.", "Es ist **nur** meine Idee." Spielen Sie Ihre Äußerung nicht herunter. Stehen Sie zu Ihren Ansichten.

o **Terminabsprachen:** Sagen Sie "am" und "um" statt "gegen", wenn es um Termine geht. Das wirkt zuverlässiger.[30]

Alles vor dem „Aber" ist gelogen.

---

[30] Nach Nam Kha Pham, Powersprache, 2013

Weichmacher

Die sogenannten „Weichmacher" schwächen die Überzeugungskraft - und auf die kommt es ja eben an, wollen wir wirkungsvoll kommunizieren. Es gibt unglaublich viele Menschen, die sich - vermutlich unbewusst - in jedem zweiten Satz der „Weichmacher" bedienen.

Dadurch „weichen" sie ihre eigenen Positionen auf und wirken unentschlossen. Das öffnet dem gewieften Gesprächspartner Tür und Tor, um seine eigenen Vorstellungen zu realisieren. Er merkt es, wenn die Überzeugungskraft bei seinem Gegenüber fehlt und nutzt dann die Situation zu seinem eigenen Vorteil.

Erinnern Sie sich noch an unser erstes Kapitel? Glaubwürdigkeit erreichen wir nur mit klaren und unmissverständlichen Botschaften. Stellen Sie also in jeder Gesprächssituation klar, wofür Sie stehen und was Ihnen wichtig ist – unmissverständlich! „Weichmacher" gehören verbannt!

Keine Weichmacher verwenden!

Was gehört zu den Weichmachern?

Ganz oben auf meiner „Weichmacherliste" steht das Wort „Eigentlich". Dieses Wort ist vollkommen überflüssig und wird sehr häufig eingesetzt. „Eigentlich möchte ich nun nach Hause gehen." Und „*Un*-eigentlich? - Wolltest Du nicht vielleicht doch noch bleiben?" Besser wäre die Aussage: „Ich möchte nun nach Hause gehen." Das ist eindeutig formuliert. Noch klarer wird es mit: „Ich gehe nun nach Hause." Entscheidend ist, dass mein eigener Wille klar zum Ausdruck kommt – ohne Wenn und Aber. Denken Sie daran: Nur wer mit klaren und unmissverständlichen Botschaften agiert, kann die für den Vertrauensaufbau so notwendige Glaubwürdigkeit erlangen. Überzeugen Sie durch ein bestimmtes Auftreten.

Abb. 25: Noch eine Diskussion

Weichmacher im Überblick:

- Eigentlich
- Vielleicht
- Gegebenenfalls
- Eventuell
- Ich finde
- Im Prinzip

- Ich denke, ich meine
- Wäre, könnte, würde, sollte, müsste
- Ich würde sagen, ...denken, ...meinen
- *Man* statt *Ich*

Weichmacher schwächen die Überzeugungskraft.

Sie- und Ich-Botschaften

Zum konfliktreduzierenden Sprachgebrauch gehört auch die richtige Verwendung der sogenannten *Sie-Botschaften* und *Ich-Botschaften*.

Sie-Botschaften sprechen unseren Gesprächspartner direkt an. Sie nehmen unmittelbaren Bezug auf unseren Gesprächspartner:

„Sie haben mir nicht richtig zugehört.",

oder:

„Frau Meier, Sie haben die Ablage nicht korrekt geführt."

In beiden Fällen wirken die Aussagen wie ein Angriff auf die Person. Das fordert unter Umständen eine Trotzreaktion der Angesprochenen heraus. Das Ergebnis ist dann häufig eine emotional geführte Debatte, statt einer Sachauseinandersetzung. Manchmal schaukelt sich dann auch eine Situation auf und wir landen in einer ungewollten Beziehungsdiskussion.

> „Warum mäkeln Sie eigentlich immer an mir herum?"

De-eskalierend kann dagegen der Einsatz einer Ich-Botschaft, statt einer direkt ansprechenden Sie-Botschaft sein.

In unseren Beispielen könnte es lauten:

> „Möglicherweise habe ich mich missverständlich ausgedrückt.",

> oder:

> „Frau Meier, ich hätte gerne die neuen Vorgänge in unserer Ablage nach oben sortiert, damit ich sie schneller finde."

Beide Varianten sind nicht verletzend, weil kein versteckter oder offener Vorwurf im Raume steht. Denn die Ich-Botschaft bezieht sich auf die subjektive Wahrnehmung des Äußernden. Und die eigene Wahrnehmung ist nicht angreifbar.

Darum lautet der Grundsatz im konfliktreduzierenden Sprachstil:

> Negative Aspekte beziehe ich auf mich und meine eigene Wahrnehmung, positive auf mein Gegenüber:

> „Das haben Sie prima gemacht, Frau Meier!"

Der Einsatz von Ironie

Ironie ist die Behauptung des Gegenteils dessen, was man meint. Feinsinnige Menschen mit einem hintergründigen Humor können dieses Stilmittel der Rhetorik gekonnt einsetzen und auch verstehen. Ironie bringt manchmal, an der richtigen Stelle positioniert, die Dinge gekonnt auf den Punkt. Durch übertriebene Darstellung des Gegenteils einer (vernünftigen) Meinung, wird die Absurdität der Behauptung in der ironischen Bemerkung deutlich.

Das Problem ist nur: Ironie versteht nicht jeder.

Es gehört ein gutes Gespür, etwas Feinsinn und Intelligenz dazu, eine ironische Bemerkung auch als solche zu erkennen. Genauso, wie ein schlecht gelungener Witz, kann auch eine Ironie „in den falschen Hals" geraten und im Extremfall sogar für bare Münze genommen werden. Der weniger aufmerksame Gesprächspartner versteht die Bemerkung nach dem Wortlaut und nicht nach dem gegenteiligen Sinn. Das kann zu Missverständnissen führen, wenn die Ironie nicht als solche bemerkt wurde.

Da wir in der wirkungsvollen Kommunikation mit klaren und unmissverständlichen Botschaften arbeiten wollen, sollten wir in jedem ernsten, wichtigen oder kritischen Gespräch auf den Einsatz von Ironie verzichten. Es ist unangenehm für beide Seiten, eine misslungene ironische Bemerkung aufklären zu müssen: „Das war ironisch gesagt – ich meine natürlich das Gegenteil (Du Dummerchen)."

Ironie wird nicht immer verstanden.

Killerphrasen in schwierigen Gesprächen

Manchmal entwickeln sich Gespräche schwierig. Vor allem dann, wenn beide Seiten auf ihren jeweiligen Positionen beharren. Keiner will nachgeben. Ähnlich, wie in Diskussionen, wo mitunter mit unredlichen oder unfairen Mitteln gearbeitet wird, kann es auch in schwierigen Gesprächssituationen zu Killerphrasen kommen.

Das sind Gesprächsmittel, die dem Anwender einen Gesprächsvorteil bringen sollen. Kritische Journalisten oder solche, die investigativ arbeiten, setzen schon mal gerne diese Methoden ein, um ihr Gegenüber aus der Reserve zu locken oder „weich zu kochen". Aber auch rhetorisch geschulte Gesprächspartner benutzen sie, z.B. in wichtigen Vertragsverhandlungen oder als Anwälte vor Gericht. Wie sehen solche Killerphrasen aus und was können wir dagegen tun?

Killerphrasen in schwierigen Gesprächen und deren Abwehrmöglichkeiten.

Unterstellungen, falsche Behauptungen

„Sie haben ja im vergangenen Jahr schlechter abgeschnitten als erwartet, müssen Sie noch weitere Entlassungen vornehmen?"[31]

Reaktion: Korrigieren Sie wesentliche Fehler, *bevor* Sie die eigentliche Frage beantworten.

Der Trick des Fragenden ist, dass die Unterstellung der eigentlichen Frage vorangestellt und dem Gesprächspartner

---

[31] Nach Messer, B., 2008

„untergeschoben" wird. Die Idee ist dabei, dass die Unterstellung eventuell überhört wird. Wenn sie überhört wird, kann nicht darauf reagiert werden. Wenn nicht darauf reagiert wird, so gilt das in den Augen des Gesprächspartners oder in den Augen Dritter (z.B. Publikum) als Zustimmung zur Behauptung. Deshalb *muss* die Unterstellung *vor der Beantwortung der Frage* zurückgewiesen werden.

Digitale Fragen

... zwingen Sie in ein Ja oder Nein. Seien Sie vorsichtig, wenn Sie z.B. nach Garantien gefragt werden.

„Können Sie garantieren, dass der Termin eingehalten wird?"

Reaktion: Nicht mit Ja oder Nein antworten.

Wenn Sie hier mit Ja oder Nein antworten, so legen Sie sich fest, bzw. werden vom Fragesteller „festgenagelt". Denn sollte es sich doch anders herausstellen, so hält man Ihnen unseriöse oder unprofessionelle Antworten vor.

Wenn wir ehrlich sind, kann niemand die Zukunft vorherbestimmen. Auch bei der größten Wahrscheinlichkeit des Eintretens eines Ereignisses: Sicher und seriös vorhersagen können wir das nicht. Bitte antworten Sie auf das obige Beispiel positiv und nicht:

> „Darauf haben wir keinen Einfluss. Der Großhändler gibt uns keine festen Zusagen."

Das entspricht zwar möglicherweise der Wahrheit, hilft Ihnen aber nicht weiter, da Sie sich abhängig und ohne Einfluss machen. Diese Antwort ist negativ. Besser ist eine neutralisierende, positive Antwort:

„Ich verstehe, dass Ihnen der Liefertermin sehr wichtig ist. Wir werden alles in unserer Macht stehende tun, um die Lieferung pünktlich zu ermöglichen. Bisher konnten wir alle vereinbarten Termine einhalten."

Diese Antwort ist positiv und so gut wie ein „Ja".

Hypothetische Fragen

In der Regel sind Annahmen und Spekulationen negativ für Sie.

„Wenn Ihr Unternehmen die Erwartungen verfehlt – geraten Sie nicht in Liquiditätsprobleme, wenn Ihnen die Bank den Kontokorrentkredit kürzt?"

Reaktion: Blocken Sie die Hypothese ab.
„Das sind Spekulationen, an denen ich mich nicht beteilige."

Hypothetische Fragen sollten nach Möglichkeit in den Bereich der unseriösen Spekulation zurückverwiesen werden. Hier hilft immer der Hinweis: „Diese Frage stellt sich zur Zeit nicht. Lassen Sie uns den Gang der Dinge in Ruhe abwarten."

Fragenfächer

Viele Fragen werden vom Gesprächspartner direkt hintereinander gestellt, bevor Sie auf jede einzeln antworten können.

Reaktion: Bleiben Sie ruhig. Nehmen Sie die einfachste Frage und geben Sie darauf die Antwort.

Der Fragenfächer soll Sie durcheinander bringen. Entweder die erste oder die leichteste Frage beantworten. Wenn der Fragesteller mehr wissen will, so wird er schon noch einmal nachfragen. Alternativ können Sie nach der Fächerfrage auch cool zurückfragen:

„Welche Frage hätten Sie denn gern beantwortet?"

Unterbrechen

Wenn ein Gesprächspartner Sie unterbricht,...

... lassen Sie ihn ausreden.

Reaktion: Weisen Sie ihn anschließend darauf hin, dass Sie mit Ihrer Antwort noch nicht fertig waren und fahren dann mit Ihrer Ausführung fort.

Wichtig ist, dass Sie sich nicht in ein Wortgefecht einlassen oder beleidigt reagieren. Hier gilt es ebenfalls: Nicht mit gleicher Münze heimzahlen, sondern cool und gelassen bleiben und ungerührt mit der Antwort fortfahren.

Provokation

Der Gesprächspartner versucht Sie zu provozieren.

Lassen Sie sich durch sogenannte Reizwörter nicht aus der Fassung bringen.

Reaktion: Wiederholen Sie keine Reizwörter.

Never repeat bad words – Wiederhole niemals die Reizwörter des anderen. Das ist ein eiserner Grundsatz in jedem wichtigen Gespräch und in jedem Interview mit einem Journalisten oder in einer Diskussion vor Publikum. Reizwörter sind negative Wörter.

Beispiel:

Frage des Gesprächspartners an einen Unternehmer:

„Sind Sie ein Leuteschinder?"

„Sie meinen, ob wir unsere Mitarbeiter schlecht behandeln? Nein, wir sind kein Leuteschinder! Wir behandeln unsere Mitarbeiter nicht schlecht."

Hier wird das schlechte Behandeln der Mitarbeiter gleich viermal erwähnt. Das setzt sich in die Köpfe der Zuschauer oder in den Kopf des Gegenübers. Auch wenn negiert wird: „Wir behandeln unsere Mitarbeiter nicht schlecht.", so bleibt im Kopf hängen: „Mitarbeiter schlecht behandeln." Diese Assoziation setzt sich fest.

Das hat mit dem besprochenen „Kino im Kopf" zu tun. Wir suchen für alles, was wir hören, ein Bild. Das Wort „nicht" ergibt kein Bild. Wir sehen vor unserem geistigen Auge nur das Bild „schlecht behandeln". Und das bleibt haften. Eine bessere Reaktionsmöglichkeit wäre, ohne die Reizwörter zu verwenden, z.B.: „Ihr Vorwurf trifft nicht zu. In unserem Unternehmen herrscht bei den Mitarbeitern eine hohe Zufriedenheit und ein gutes Betriebsklima." Es sollte ein erläuterndes Beispiel zur Untermauerung der Glaubwürdigkeit folgen. Der Vorwurf wurde zurückgewiesen, ohne die Wortwahl zu wiederholen. Darauf kommt es an.

Never repeat bad words.

Luftholstopp

Lassen Sie sich nicht durch kurze Fragen hetzen, die gestellt werden, wenn Sie gerade Luft holen.

Reaktion: Cool bleiben.

Auch wenn der Gesprächspartner aufs Tempo drückt: Nicht aus der Ruhe bringen lassen. Das hat Methode. Man ist geneigt, bei schneller Fragestellung auch schnell zu antworten. Nehmen Sie sich die nötige Zeit, kurz über die Antwort nachzudenken und *ent*schleunigen Sie den Rekordversuch im schnellen Fragen.

Antworten Sie mit einem Wort (z.B. „Moment!") und führen Sie Ihren Gedanken (in der gebotenen Kürze) zu Ende.

Bei allen Versuchen, Sie aus der Reserve zu locken, beherzigen Sie den Kommunikationsgrundsatz:

Bleiben Sie hart in der Sache, aber weich zu den Menschen!

Einwandbehandlung

Einwände und Vorwände:
Wie kann man ihnen begegnen?

Viele Führungskräfte, aber auch Vertriebler oder Verkäufer, haben eine Höllenangst vor Einwänden oder Vorbehalten ihren Äußerungen, ihrem Produkt oder ihrer Dienstleistung gegenüber. Sei es, dass die Sorge besteht, dass der kritisch nachfragende Mitarbeiter die eigene Stellung untergraben könnte oder das der potenzielle Kunde zum Mitbewerber geht: Immer macht ihnen die latente Angst des Begründen-müssens oder des Überzeugen-müssens - verbunden mit der Sorge um Konsequenzen - zu schaffen. Das macht sie unfrei. Diese Unfreiheit löst Stress aus - und diesen Stress bemerkt das Gegenüber. Die Überzeugungskraft geht verloren und das Ergebnis wird damit in Frage gestellt.

Wie können wir Einwänden begegnen?

Welche Einstellung sollten wir zu Einwänden mitbringen?

Machen wir uns das an einem Beispiel aus der Welt des Vertriebs einmal deutlich:

Die Präsentation ist gut gelaufen und das Angebot scheint für den Kunden passend. Der Verkaufsabschluss scheint so nah und nun kommt noch ein Einwand.

Jetzt beginnen Sie um den Auftrag zu kämpfen und bringen nochmals Ihre besten Argumente – doch je mehr Sie argumentieren, desto mehr distanziert sich der Kunde von Ihren Ideen ...

... vermutlich war dieser Einwand nur ein Vorwand.

Einwände und Vorwände äußern sich verbal in Gründen

(noch) nicht abzuschließen, zu kaufen, zu buchen etc. Einwände sind rationale Gründe, aber auch emotionale Befürchtungen, ausgedrückt in Gegenargumenten. Selbst wenn ein Mensch kaufen möchte, so beschäftigt er sich dennoch bewusst oder unbewusst mit den Gründen, die gegen den Kauf sprechen könnten. Entweder er denkt still darüber nach oder er äußert sie in Form von Einwänden.

Kommen die gleichen Einwände in verschiedenen Situationen immer wieder, sollten Sie

1. Ihre Präsentation überprüfen,
2. sich intensiv auf genau diese Einwände vorbereiten.

Überprüfen Sie, ob der Nutzen Ihres Angebots sich mit den Bedürfnissen Ihres Kunden deckt und ob Sie dies in Form der Nutzenargumentation vermittelt haben. Es kommt also darauf an, herauszufinden, warum Ihr Kunde an Ihnen und Ihrem Angebot interessiert sein könnte.

Wie kann Ihr Kunde durch Ihr Produkt oder Ihre Dienstleistung mehr Nutzen gewinnen?

Welchen Vorteil hat er davon?

Wer über einen Kauf oder eine Zusammenarbeit nachdenkt, überlegt sich immer auch die Gründe, die dagegen sprechen könnten. Das stellt eine Art Schutzmechanismus für die eigene Entscheidung dar. Denn wenn zum Zeitpunkt der Betrachtung die positiven Aspekte überwiegen, so kann er später zumindest vor sich selbst behaupten, dass er die Sache ordentlich geprüft hat. Einwände gehören damit sozusagen zur Prüfschleife einer Entscheidung dazu und sind in aller Regel nicht persönlich gemeint.

Einwände sind hilfreich und notwendig, sie zeigen, dass der Kunde grundsätzliches Interesse hat und verraten die noch nicht voll befriedigend abgedeckten Wünsche oder Bedenken des Kunden.

Schenken Sie jedem Einwand die nötige Beachtung - er ist ernst gemeint. Wenn Sie den Einwand übergehen, ihn ignorieren oder beiseite schieben, zeigt dies dem Kunden, dass Sie ihn bzw. seine Argumente nicht ernst nehmen. Das kann schnell zu Störungen in der Kommunikation führen und einen positiven Ausgang verhindern.

Unterscheiden Sie zwischen Einwänden und Vorwänden. Der Einwand ist im beschriebenen Sinne die Klarstellung einer Unsicherheit und führt im Erfolgsfalle zur Zufriedenstellung des Informationsbedürfnisses.

Der Vorwand hingegen ist eine Ausrede. Die Entscheidung gegen einen Abschluss ist im Grunde genommen zu diesem Zeitpunkt bereits gefallen. Die Gründe etwas nicht zu tun, hören sich plausibel an – sie sind aber nicht die Wahrheit. Der Vorwand wird häufig aus Unsicherheit angewandt, um die Entscheidung hinauszuzögern oder um nicht „Nein" sagen zu müssen.

Wie kann man mit Einwänden und Vorwänden umgehen?

· Auf den Einwand oder Vorwand eingehen, eventuell wiederholen und nachfragen.

· Zuerst herausfinden, ob dies das einzige Hindernis ist:

> „Ist dies das einzige Hindernis?", oder „Gibt es sonst noch etwas, das Sie zögern lässt ...?"

· Wenn ja, ist es ein Einwand und Sie prüfen die Bereitschaft zum Abschluss:

„Angenommen, … gesetzt den Fall, wir könnten dies lösen … Wenn das Problem nicht bestünde … Sagen wir mal, das wäre lösbar … würden Sie dann kaufen?"

Kommt noch ein weiteres Argument zum Vorschein, so war in der Regel das erste nur ein Vorwand und das neue ist der Einwand, den es zu bearbeiten gilt. Wenn Sie den Vorwand wie einen Einwand behandeln, kann es dazu führen, dass sich der Kunde in die Enge gedrängt bzw. ertappt fühlt und er deshalb blockiert oder gar aggressiv wird. Doch auch bei einem ganz normalen Einwand kann das „Abspulen" von Argumenten dazu führen, dass sich der Kunde argumentativ überrannt fühlt. Es geht in diesem Fall nicht darum, den Kunden mit Argumenten zu besiegen, sondern ihm zu zeigen, dass er glücklicher und besser lebt, wenn er kauft. Denn in dieser Situation kommt es nicht darauf an, wer Recht hat. Entscheidend ist das Ziel: der Abschluss.

Wenn wir feststellen, dass der Kunde etwas falsch verstanden hat, müssen wir zurück in die Kundenbefragung. Sie ist vor jeder Präsentation erforderlich.

Die Kundenbefragung ist mehr als eine reine Bedarfsermittlung. Wenn zu viele Einwände kommen, zeigt sich, dass wir den Kunden möglicherweise nicht richtig verstanden haben. Zu verstehen, welche Wünsche, Bedürfnisse oder Ängste der Kunde hat, ist aber unbedingt für einen gezielten Verkauf erforderlich. – Also sollten wir nochmals die Bedürfnisse des Kunden ergründen, die dabei wichtigsten Punkte herausfinden und die generelle Kaufbereitschaft testen.

„Dieses Argument von Ihnen (Kunde) zeigt mir, dass wir noch nicht alle wichtigen Punkte besprochen haben. Was haben wir nicht berücksichtigt? Was ist

Ihnen bei diesem Produkt / bei dieser Dienstleistung besonders wichtig?"

„Wenn wir diese Punkte alle erfüllen können, sind wir dann Ihr Partner / Lieferant?"

Methoden der Einwandbehandlung

Alle Methoden zur Einwandbehandlung können lediglich das Ziel haben, dass der Kunde durch unsere Intervention erkennt, dass er selbst für sich den Einwand zurücknimmt. Wir können dies für den Kunden nicht tun. Er selbst muss erkennen, dass dieser Einwand ihn nicht am Kauf hindert.

Einwandbehandlung 1
Sachlich bleiben, welcher Grund steckt dahinter?

„Sie sagen, die Anlage ist zu groß. Warum sagen Sie das? Welche Randbedingungen gibt es diesbezüglich bei Ihnen?"

Einwandbehandlung 2
In Wunsch verwandeln:

„Der Schreibtisch hat aber eine hässliche Farbe."

„Aha, ich verstehe, Sie wünschen sich den Tisch in einer anderen Farbe. In welcher Farbe möchten Sie ihn gerne?"

„Wann möchten Sie es?"

„Angenommen wir könnten das lösen ... (Einwand) würden Sie dann kaufen?"

„Was gefällt Ihnen an unserem Produkt besonders?"

„Was müssen wir tun, um den Auftrag zu erhalten?"

Einwandbehandlung 3
Warum doch:

„Ich verstehe, Sie sagen das ... – was könnte für Sie ein Grund sein, das Gerät dennoch bei uns zu bestellen?"

„Was könnte Sie überzeugen, doch mit uns zusammen zu arbeiten?"

Einwandbehandlung 4
Reframing (in einen positiven Kontext stellen):

„Oh, hier im Restaurant ist es aber sehr voll."

„Ja, unsere gute Küche ist überregional bekannt!"

Einwandbehandlung 5
Genau deshalb:

„Wir haben derzeit kein Geld dafür."

„Genau deshalb sollten Sie es nehmen, denn Sie verbessern Ihre Marktchancen und können dann wieder mehr Geld verdienen. Genau das möchten Sie doch – oder?"

„Ich habe keine Zeit."

„Gerade deshalb macht es Sinn, dass wir uns treffen, denn wir können Sie entlasten, damit Sie mehr Zeit haben."

Einwandbehandlung 6
Beispielgeschichten (von mir, von anderen Kunden, von der Zukunft):

„Ihr Argument kann ich sehr gut verstehen, denn einigen unserer bisherigen Kunden ging es genauso wie Ihnen. Doch im Nachhinein sind sie froh, jetzt auch mit uns zusammen zu arbeiten."

"Ich habe mir auch immer preisgünstiges Werkzeug gekauft, bis ich an meinem Motor eine Schraube beschädigt habe. Danach wurde es richtig teuer."

"Wie werden Sie sich fühlen, wenn Sie jetzt einen günstigeren PC kaufen, aber bereits nächstes Jahr die neue Software nicht mehr darauf läuft? So ging es einem Freund von mir."

Einwandbehandlung 7
Einwänden im Vorhinein begegnen:

"Sie werden sicherlich denken, die Bedienung sei kompliziert – Sie werden jedoch sehen, wie logisch und einfach die Menüführung aufgebaut ist. Drücken Sie mal auf diesen Knopf."

Nicht alle Methoden der Einwandbehandlung sind immer einsetzbar. Suchen Sie die jeweils passenden Vorschläge heraus und trainieren Sie damit.

Nicht alle Einwände müssen ausgeräumt sein.

Während der Kundenbefragung oder spätestens bei der Einwandbehandlung werden Sie feststellen, dass Sie nicht jeden Wunsch jedes Kunden erfüllen können.

Je eher Sie dies merken, desto besser. Es erspart Frust bei Ihnen und beim Kunden. Außerdem sparen Sie Zeit, die Sie nutzen können, um andere Aufträge oder Kunden zu gewinnen. Oft kauft der Kunde auch trotz der Einwände oder Vorwände die er hat. Denn es ist noch lange nicht gesagt, dass ein anderes Angebot bei ihm weniger Einwände hervorruft.[32]

> Einwände sind ein gutes Zeichen:
> Sie zeugen vom Interesse des Gesprächspartners.

Denn wer nicht interessiert ist, der äußert auch keine Bedenken oder Vorbehalte.

---

[32] Nach Pflüger, Karlheinz, vertriebslexikon.de, 2013

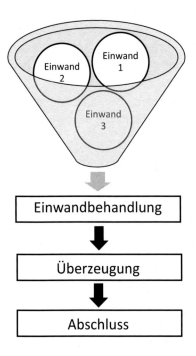

Abb. 26: Einwandbehandlung

Kapitel 6

Gespräche steuern

Grundsätze der Gesprächsführung

Wir haben uns in den bisherigen Kapiteln dieses Buches mit den Grundsätzen der Kommunikationspsychologie, dem Aufbau von Vertrauen, Störungen in der Kommunikation, der Macht der Bilder, mit der Einwandbehandlung sowie den Möglichkeiten des Handelns in schwierigen Gesprächen auseinandergesetzt. Nun geht es im Folgenden darum, wie wir Gespräche steuern können.

Gespräche steuern? Warum? Wie soll das gehen?

Nun, wenn wir ein kommunikationsstrategisches Ziel verfolgen, so müssen wir in unsere Gespräche lenkend eingreifen. Denn es hilft wenig, wenn wir uns im wichtigen Gespräch „verheddern" und das unser wichtiges Thema unmotiviert, also ohne bestimmten Grund, gewechselt wird.

Unsere Gespräche sollen zielführend sein.

Erinnern Sie sich noch an den Anfang des Buches?:

Kommunikation dient als *Steuerungsinstrument*, um auf die *Meinungsbildung* bei Zielgruppen einzuwirken.

In diesem Sinne müssen wir auch steuernd in den Gesprächsverlauf einwirken.

Wovon hängt denn der Verlauf eines Gespräches ab?

Ein Gesprächsverlauf hat natürlich sehr viele Komponenten. Eine der wichtigsten *für uns* lautet:

> ➢ **Botschaften vermitteln**

Vergessen Sie nie, Ihre *vor* einem wichtigen Gespräch überlegten Botschaften im Gespräch auch zu senden. Gerade, wenn Sie *nicht* danach gefragt werden. Also, nicht nur passiv Fragen des Gegenübers beantworten, sondern auch aktiv Botschaften senden.

Hier hilft die Brückentechnik, die wir uns noch ansehen werden. Es ist für die Gesprächsführung sehr wichtig, dass Ihr Gesprächspartner auch weiß, was Ihnen wichtig ist. Die Kernbotschaften bleiben - neben dem allgemeinen Eindruck über das Zusammentreffen - auch noch nach dem Gespräch bei Ihrem Gegenüber in Erinnerung.

Genauso wichtig ist es dabei, bewusst und aktiv zuzuhören. Damit signalisieren Sie Ihrem Gesprächspartner, dass Sie bei ihm sind und sich für seine Belange interessieren. Sie können aber gleichzeitig zielgerichtet Ihre Botschaften senden.

Seien Sie immer

> ➢ **Freundlich und professionell**

Sorgen Sie für eine entspannte und freundliche Gesprächsatmosphäre. Denn nichts belastet ein wichtiges Gespräch mehr, als Unterbrechungen durch Telefonanrufe oder störende Hintergrundgeräusche (offenes Fenster mit Straßenlärm, Musik im Hintergrund, laute Gespräche von Kollegen usw.).

Das Gleiche gilt für Zeitdruck: Räumen Sie Ihren Gesprächen den nötigen Zeitanteil ein. Wenn Sie unter Zeitdruck stehen, so vereinbaren Sie besser einen neuen Termin, als durch den aktuellen zu hetzen. Wichtig ist, dass die Atmosphäre freundlich und professionell gestaltet wird: Kein Stress, keine Unruhe, freundliches und wertschätzendes Auftreten.

Das macht souverän und lässt Sie in jeder Situation den Überblick behalten.

> ➢ **Wer einmal lügt …**

Der französische Philosoph und Vordenker der Aufklärung Voltaire (1694 – 1778) hat einmal gesagt:

„Man muss nicht alles sagen, was wahr ist – aber was man sagt, muss die Wahrheit sein."

Das gilt auch heute noch. Wer auch nur ein einziges Mal bei der Unwahrheit erwischt wird, hat seine Glaubwürdigkeit verloren. Zumindest ist sie stark in Mitleidenschaft gezogen. Das wieder auszubügeln, kann Jahre dauern – wenn es überhaupt gelingt. Ein Schatten auf der Person wird immer bleiben.

Abb. 27: Voltaire

Aus diesem Grunde ist es wichtig, stets die Wahrheit zu sagen – abgesehen von den ethischen und moralischen Aspekten einer Lüge.

Auch strategisch gesehen hilft eine Unwahrheit in aller Regel nur kurzfristig. Langfristig gesehen, kommt meistens die Wahrheit sowieso ans Licht - bei öffentlichen Personen meistens auch ans Licht der Öffentlichkeit.

Dann wird der Fall umso tiefer, je höher die Person im Ansehen steht. Viele erzwungene Rücktritte von Amts- und Würdenträgern der Vergangenheit zeigen dies eindrucksvoll.

Anders herum gilt, dass man eben nicht alles sagen muss. Niemand ist verpflichtet, sich sozusagen bis aufs Hemd auszuziehen und alles preiszugeben, was ihm nachteilig werden könnte. Das gilt ja auch vor Gericht. Denn niemand muss sich selbst belasten.

Denken Sie daran: Unwahrheiten fallen irgendwann auf Sie selbst zurück. Dann leidet die Glaubwürdigkeit und die ist, wie wir wissen, die Basis für den Aufbau von Vertrauen, das wir so dringend brauchen, wollen wir überzeugen.

Voltaire, Nicolas de Largillierre, ca. 1724

> ➢ **Einfach und anschaulich reden**

Dieser Punkt macht noch einmal deutlich, dass es wichtig ist, den Gesprächspartner geistig mitzunehmen. Denn nur so können wir auch überzeugen. Dies gelingt nur durch eine einfache und angemessene Sprache:

- ✓ klar ausdrücken
- ✓ Beispiele bringen
- ✓ bildhafte Sprache verwenden

Denn nur, wenn wir bei unserem Gesprächspartner Bilder im Kopf erzeugen, wird er uns auch folgen können.

Das ist unser Ziel!

> ➢ **Positiv formulieren**

Formulieren Sie immer positiv. Nicht im Sinne von: „Alles ist gut, die Welt ist schön", sozusagen mit einer rosaroten Brille besehen, sondern eher im Sinne von: „Das Glas Wasser ist immer halb voll und nicht halb leer." Das ist eine philosophische Grundeinstellung zu den Dingen.

Wer eine positive Ausstrahlung hat, wird andere auch mit dieser positiven Grundhaltung anstecken können.

Umgekehrt gilt es genauso: Sind Sie ein Miesepeter, so steckt die schlechte Stimmung auch Ihren Gesprächspartner an. Die Ergebnisse eines wichtigen Gespräches können dann ebenso negativ, wie die Vorzeichen und die Stimmung sein. Strahlen Sie Zuversicht aus, ohne die Probleme zu verdrängen. Das macht Sie glaubwürdig.

Fassen Sie sich kurz

Eine wichtige Grundregel in der Gesprächsführung lautet:

Keep it short and simple.

Das bedeutet: Fassen Sie sich kurz!

✓ Kurze Botschaften!
✓ Kurze Absätze!
✓ Kurze Sätze!
✓ Einfache Wörter!

„Wer viel redet, redet viel Mist!", sagt eine weitere Regel. Der Hintergrund steckt in zwei Aspekten: Erstens wird unser Gesprächspartner oder Zuhörer überfordert, wenn wir zu lange sprechen. Zweitens machen wir bei langen Monologen immer auch latent den Eindruck der Selbstverliebtheit, weil man uns unterstellt, dass wir uns gerne selbst reden hören. Und drittens verzetteln wir uns schnell bei langen Ausführungen, wissen grammatisch nicht mehr, wie wir angefangen haben und landen im belanglosen „Sprachnirwana". Am Ende erzählen wir bei langen Monologen auch noch mehr, als wir ursprünglich wollten. Deshalb: „Fasse Dich kurz!"

Kurt Tucholsky hat einmal gesagt:

• Hauptsätze
• Hauptsätze
• Hauptsätze

Also: Subjekt, Prädikat, Objekt, Punkt, Stimme runter, kurze Pause, neuer Satz.

Natürlich kann man auch mal einen Nebensatz einschieben. Wir sprechen hier vom Prinzip. Die Richtschnur für eine Antwort auf eine Frage oder eine eigene Ausführung zu einem Thema, sollte je „Sendeblock" etwa 20 – 30 Sekunden betragen. Dann ist der andere wieder dran. Das sind etwa, je nach Sprechgeschwindigkeit, 4 – 5 Sätze. Das ermüdet das Gegenüber nicht und hilft uns selbst, die Übersicht zu behalten.

Probieren Sie es einmal. Wir sind meistens geneigt, länger zu sprechen.

In meinen Seminaren lasse ich manchmal zu Beginn der praktischen Übungen die Teilnehmer sich selbst und ihren Aufgabenbereich in 30 Sekunden vorstellen.

Das dient dazu, ein Gefühl für diese Zeitdauer zu bekommen und sich auf die wesentlichen Botschaften in einer Vorstellungsrunde zu konzentrieren. Den wenigsten gelingt das auf Anhieb. Die meisten landen bei ein bis zwei Minuten! Ich zeige ihnen dann auf, wo Kürzungspotenzial liegt und wie man diese persönliche Vorstellung gekonnt auf den Punkt bringen kann.

Das ist es auch, was beim sogenannten „Elevator-Pitch" so wichtig ist. Ein Thema - etwa in der Zeitdauer, die man in einem Fahrstuhl verbringt, seinem Vorgesetzten oder einem Kunden - in ca. 30 Sekunden zu formulieren. Das muss man üben. Probieren Sie auch das einmal aus! Sie werden merken, wie viel man in 30 Sekunden sagen kann.

Was das gekonnte Kürzen angeht, hat es die Bildzeitung in der einen oder anderen Titelzeile ganz gut auf den Punkt gebracht:

„Wir sind Papst!"

Dieser Titel brachte das Gefühl einer ganzen Nation auf den Punkt, als der deutsche Kardinal Josef Ratzinger zum Papst gewählt worden war.

Auch die folgende Titelzeile:

„Basta mit Pasta"

beschrieb in kurzen Worten, dass der damalige Bundeskanzler Gerhard Schröder wegen einer Missstimmung mit Italien seinen Sommerurlaub in jenem Jahr nicht in Italien verbringen wollte. Diese Beispiele sind sicherlich etwas überzogen, sollen aber aufzeigen, was gemeint ist:

> **Du kannst über alles reden –
> nur nicht über 30 Sekunden!**

Korrekt müsste der Satz natürlich lauten:

> „Du kannst über alles reden –
> nur nicht *länger* als 30 Sekunden."

Dann wäre allerdings der schöne phonetische Effekt verloren.

Wer fragt, der führt

Fragen lohnt sich

„Wer fragt, der führt" - so lautet eine Weisheit erfolgreicher Führungskräfte. Wir fragen nicht, weil wir dumm sind und etwas nicht wissen, sondern weil wir etwas von unserem Gesprächspartner erfahren möchten, z.B.:

- Welche Informationen können wir gewinnen?
- Wie denkt unser Gesprächspartner?
- Was ist ihm wichtig?

Situationsangemessene und gute Fragen stellen zu können, gilt als eine der kommunikativen Kernkompetenzen für Führungskräfte jeder Ebene - gerade im Gespräch mit Mitarbeitern. Auch in Gesprächen mit Kollegen, Vorgesetzten oder mit Kunden, lohnt es sich, gute Fragen zu stellen und aufmerksam zuzuhören.

Die richtigen Fragen zu stellen, lohnt sich aus unterschiedlichen Gründen. Zum einen deshalb, weil sich nur durch gezieltes Fragen die nötigen Informationen, je nach Sachverhalt, gewinnen lassen. Zum anderen, haben Fragen auch eine Wirkung auf die Beziehung zwischen den Gesprächspartnern, die weit über die Informationsgewinnung hinausgeht.

Wir senden mit unseren Fragen Signale an unser Gesprächsgegenüber. Machen wir uns das an Mitarbeitergesprächen einmal deutlich.

Die Wirkung von Fragen

Fragen können Verständnis herstellen, Entscheidungen herbeiführen, eine Sachlage strukturieren oder einfach zur Informationsgewinnung beitragen.

Dies gilt gerade auch in schwierigen Situationen:

- Fragen bedeuten Wertschätzung. Sie zeigen unserem Gesprächspartner, dass wir ihn ernst nehmen. Das schafft eine Vertrauensbasis.

- Mit Fragen lenken wir das Gespräch und können ohne große Umschweife zu den notwendigen Informationen gelangen. Fragen belegen auch Kompetenz: Eine Führungskraft, die es versteht, ein Gespräch mit einem Mitarbeiter durch Fragen zu führen, macht zugleich deutlich, dass sie systematisch an ein Problem herangeht.

- Fragen sind aber auch ein Kontrollinstrument. Damit lässt sich herausfinden, ob die eigenen Hinweise und Anweisungen beim Gesprächspartner angekommen sind und auch verstanden wurden.

Wer in der Lage ist, im richtigen Moment die richtige Frage zu stellen, ist eindeutig im Vorteil. Hilfreich ist es dabei, die unterschiedlichen Fragetypen zu kennen und bewusst anwenden zu können.

Offen oder geschlossen fragen?

Offene Fragen werden dazu genutzt, Informationen zu gewinnen. Diese Fragen lassen sich nicht einfach mit „Ja" oder „Nein" beantworten, sondern erfordern detaillierte Antworten. Häufig werden sie auch kurz „W-Fragen" genannt, weil sie mit typischen Fragewörtern beginnen: Was? Wann? Wo? Wie viel? Warum? - oder mit Formulierungen wie „Inwiefern ...?", „Was war die Ursache ...?", „Aus welchem Grund ...?".

Offene Fragen

Der Einstieg zu einem Gespräch mit offenen Fragen, liefert der Führungskraft die notwendigen Informationen für die richtige Einschätzung des Gesprächspartners und seiner Befindlichkeit. Hier wird dem Mitarbeiter die Gelegenheit gegeben, sich frei, offen und ausführlich zum Thema zu äußern. Offene Fragen tragen zu einem positiven Gesprächsklima bei, da das Geltungsbedürfnis auch des Gesprächspartners berücksichtigt wird.

Geschlossene Fragen

Geschlossene Fragen verlangen eine eindeutige Auskunft bzw. eine Entscheidung. Diese Fragen laufen oftmals auf ein „Ja" oder „Nein" oder auf die Mitteilung konkreter Daten hinaus. Deshalb kommt dieser Fragetyp vor allem dann zum Einsatz, wenn Sie noch ganz spezielle Angaben benötigen oder das Gespräch beenden wollen:

> „Kann ich in Zukunft auf Sie zählen?",
> „Sind wir uns in diesem Punkt einig?",
> „Wollen wir es einmal in dieser Weise versuchen?"

Diese Frageform sollte allerdings nur gut dosiert angewendet werden, denn viele geschlossene Fragen erzeugen das Klima eines Verhörs und belasten so die Beziehungsebene.

Paraphrasierung

Eine etwas umfangreichere Form der geschlossenen Frage ist die sogenannte Paraphrasierung, bei der die Botschaft, verkürzt auf den Sachinhalt, in eigenen Worten wiedergegeben wird. Ziel ist es, das Verständnis zu prüfen und gegebenenfalls den Inhalt zu ergänzen oder zu korrigieren.

Beispiel:

> „Habe ich Sie richtig verstanden, dass es Ihnen vor allem darum geht, jetzt möglichst schnell wieder produzieren zu können und deswegen der Termin verschoben werden soll?"

Beachten Sie: Geschlossene Fragen sollten Sie nur einsetzen, um gezielt nachzufragen, eine erzielte Übereinstimmung abzusichern oder um eine Entscheidung herbeizuführen.

Der Zweck bestimmt die Frage

Neben offenen und geschlossenen Fragen, können wir weitere Frageformen einsetzen, die mit einer bestimmten Absicht gestellt werden. Mit diesen Fragen lassen sich jeweils ganz bestimmte Zwecke verfolgen.

- **Informationsfragen** bezwecken genau dies - eine Information vom Gesprächspartner. Die Frage wird kurz und prägnant formuliert. Oftmals handelt es sich auch hier um eine W-Frage, die offen formuliert ist.

- **Gegenfragen sowie gezielte Nachfragen** können weitere Informationen liefern und bieten der Führungskraft zudem Zeit zum Nachdenken.

- **Zusammenfassende Fragen** („Können wir davon ausgehen, dass ...?") geben dem Gesprächspartner die Möglichkeit zur Korrektur oder zur Bestätigung und tragen zur positiven Gesprächsatmosphäre bei.

- **Suggestivfragen** hingegen sind im Allgemeinen eher verpönt. Sie zielen darauf ab, die Antwort im Sinne des Fragenden zu manipulieren und das kommt selten gut an!

  Beispiel:

  „Sie sind doch sicher auch der Meinung, dass es besser wäre, wenn ...?"

Zur Situationsklärung tragen diese Fragen nur wenig bei, da sie dem Fragenden kaum neue Informationen liefern. Da gleichzeitig die Gefahr besteht, dass Gesprächspartner mit Trotz und Abwehr reagieren, sollte auf diesen Fragetyp möglichst verzichtet werden.

- Ebenso problematisch sind **Kettenfragen**. Egal, ob geschlossen oder offen, hier wird der Mitarbeiter mit mehreren Fragen gleichzeitig „bombardiert". Kettenfragen sind dadurch gekennzeichnet, dass die Führungskraft in einem Atemzug mehrere Fragen stellt, ohne zwischen den Fragen eine Antwort abzuwarten. Ein solches Frageverhalten irritiert nahezu jeden Gesprächspartner und löst Verwirrtheit, Abwehrreaktionen und das Gefühl eines hilflosen Ausgeliefert-Seins aus und sollte daher unterbleiben.

- **Alternativfragen** ähneln den geschlossenen Fragen und werden meist gegen Ende des Gesprächs eingesetzt. Beispiel: „Möchten Sie Ihren neuen Firmenwagen lieber in Weiß oder in Blau?" Mit Alternativfragen beschleunigt man Vereinbarungen und Entscheidungen; sie bieten auch ein geeignetes Mittel, ausufernde Gespräche mit Gesprächspartnern zu beenden, die sich als „Quasselstrippen" entpuppen.

- **Abschlussfragen** sind ebenfalls meist geschlossen formuliert. Sie dienen dazu, das Gespräch mit dem Mitarbeiter vorerst zu beenden, damit sich die Führungskraft dem nächsten Gesprächspartner oder einer anderen Aufgabe zuwenden kann. Eine solche Frage könnte sein: „Haben wir damit nun alle wichtigen Punkte besprochen?" Anschließend kann das Gespräch beendet werden.

Allgemeine Tipps für das Frage-Verhalten

Wenn Sie Fragen stellen, dann sollten Sie folgende Grundregeln beachten:

- **In der Kürze liegt die Würze:** Kurz und prägnant kommen Fragen besser an. Dabei sollten Sie möglichst mit 15 Worten auskommen. Das lässt sich üben, um ein Gespür für das Fragen zu bekommen.

- Denken Sie an ausreichende **Gesprächspausen,** damit die Gesprächspartner auch genug Zeit zum Nachdenken haben. Gerade bei offenen Frageformen ist dies sehr wichtig.

- Halten Sie **Blickkontakt** und achten Sie auf die eigene Mimik und Gestik. Auch ein falscher **Tonfall** kann eine vermeintlich neutrale Frage zu einer ironischen Bemerkung machen.[34]

Die 70/30-Regel

Wie viele Fragen sind denn in einem Mitarbeitergespräch angemessen? Ab wann fühlt sich der Mitarbeiter eher ausgefragt, als dass ein konstruktives Gespräch stattfindet? Wie viel Gesprächsanteile sollte die Führungskraft und wie viel sollte der Mitarbeiter haben?

---

[34] Nach Hugo, W., Praxisteam professionell, 2009, S. 7

Nun, dass ist sehr individuell und sicherlich auch von der Gesprächssituation abhängig. Wichtig ist, dass eine gute und entspannte Gesprächsatmosphäre herrscht, bei der keiner der beiden Gesprächspartner sich unter Druck gesetzt fühlt.

Als Faustregel für ein gutes Gespräch zwischen Führungskraft und Mitarbeiter sollten wir ein Verhältnis im Redeanteil von etwa 70 Prozent für den Mitarbeiter und 30 Prozent zugunsten des Vorgesetzten einhalten.

Das hat sich in der Praxis bewährt und gibt dem Mitarbeiter das Gefühl, auch Gehör für sein Anliegen zu finden.

Mit Botschaften arbeiten

Einsatz der Brückentechnik

Wie oft sehe ich Interviewpartner im Fernsehen, meistens Politiker, Verbandsvertreter oder Konzernchefs, von denen ich fortwährend das Gefühl habe, dass sie nicht auf die Frage des Journalisten antworten, sondern nur ihr „Mantra" von sich geben. Sie senden permanent ihre politischen oder Unternehmensbotschaften, egal von welcher Seite sie „angepiekst" werden. Das empfinde ich als unangenehm und denke mir häufig: „Kannst Du nicht einfach mal die Frage beantworten? Die ist doch berechtigt!"

In meinen Augen erhält der Interview- oder Gesprächspartner in Diskussionen, wo es ebenso häufig geschieht, dann Minuspunkte – der Sympathiewert sinkt.

In den Medientrainings und Kommunikationstrainings mit Führungskräften, die ich auf das Arbeiten mit Botschaften trimme, höre ich oft am Anfang, wenn das Thema „Botschaften senden" an der Reihe ist:

„Das erlebe ich oft im Fernsehen – da antwortet einer gar nicht auf die Frage, sondern spult permanent seine Botschaften ab. Sehr unangenehm!"

Das ist exakt mein beschriebener Eindruck. Ich verstehe unter dem Arbeiten mit Botschaften allerdings etwas anderes, als die Menschen mit den ewig gleichen Aussagen zu penetrieren. Gespräche und auch Interviews müssen offensiv gestaltet werden. Das bedeutet, dass das Gespräch schon im Sinne der Themensteuerung geführt werden soll, will man wirkungsvoll im Sinne dieses Buches kommunizieren. Der Unterschied zu dem, was häufig zu sehen oder zu hören ist, liegt darin, dass der Gesprächspartner oder die Zuhörer nicht merken oder zumindest nicht unangenehm berührt sind, dass das Thema elegant auf die eigenen Botschaften gebracht wird.

Wie bekommen wir das hin?

Ich sprach es bereits an: Hier hilft die sogenannte „Brückentechnik". Es geht also darum, auf die Fragestellung eines Interviewers oder die Einlassung eines Gesprächspartners bzw. Mitdiskutanten einzugehen und dennoch die eigene Botschaft zu senden. Es ist absolut wichtig, auf den Gesprächspartner einzugehen, denn sonst leidet die Glaubwürdigkeit.

Diese Technik heißt Brückentechnik, weil wir von der „unsicheren" Kommunikationsseite, der Einlassung auf unseren Gesprächspartner, hinüberwechseln zur „sicheren Seite" der Brücke, mit unserem eigenen Kompetenzbereich und unseren Kerninformationen.

Die Brücke ist somit ein Verbindungssatz zwischen der Antwort auf eine Frage oder der thematischen Einlassung auf unseren Gesprächspartner und unserer eigenen Botschaft.

Das Verhältnis der Antwortlänge zwischen der Einlassung auf den Gesprächspartner und der eigenen Botschaft, kann etwa 1/3 zu 2/3 zugunsten unserer Botschaft sein.

Was wir also brauchen, sind Überleitungssätze.

Abb. 28: Die Brücke

Hier einige Brückensätze:

- Lassen Sie mich hinzufügen ...
- Ich komme zurück zu ...
- Ich werde oft gefragt ...
- Das zeigt, ...
- Ein weiteres wichtiges Thema ist ...
- Das ist der Grund, weshalb ...
- Und vergessen Sie bitte nicht ...

Bild Ruth Klapproth

Beispiel:

    „Das stimmt so nicht ganz. Es mag auf den ersten Blick so aussehen (Blocken). Wenn man jedoch genauer hinschaut, so stellt man fest, dass sich vieles verändert hat (Brücke). So haben wir in diesem Jahr zum Beispiel .... (Kernbotschaft)."

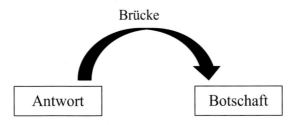

Abb. 29: Brückentechnik

Wenn wir diese oder ähnliche Brücken einsetzen und dabei dem Thema des Gegenübers genügend Raum geben, so sind alle zufrieden und das Gespräch wird für beide Seiten zum Erfolg: Der Gesprächspartner erhält die Veranschaulichung und Informationen, die er braucht und wir haben unsere wichtigen Botschaften transportiert.

Wichtig ist nur, dass wir nicht vergessen, auch die Botschaften zu senden und nicht nur Fragen beantworten. Dazu gehört ein wenig Übung, das ist ein Gewöhnungsprozess. Wenn das Verfahren aber einmal „intus" ist, so läuft es prima und wir tragen unseren Teil zur Gesprächssteuerung bei.

Natürlich brauchen wir keine Brücke einzusetzen, wenn eine Frage oder Einlassung unseres Gesprächspartners unseren Kompetenzbereich unmittelbar berührt. Dann können wir sofort eine unserer Kernbotschaften einsetzen.

Einsatz von Keywords

Eine weitere elegante Möglichkeit, Gespräche steuernd auf unsere Themen zu bringen, ist der Einsatz von Schlüsselwörtern. Diese sogenannten Keywords sollen unseren Gesprächspartner dazu bringen, eine Nachfrage zu stellen. Wir bauen also einen Begriff, auf den wir selbst zu sprechen kommen wollen, in unsere eigene Einlassung oder Antwort ein.

Wenn dieser Begriff unserem Gesprächspartner nicht bekannt ist oder die Antwort eine Abstrahierung enthält oder vom Sinn nicht eindeutig ist, so muss unser Gegenüber nachfragen. Und dann sind wir bei unserem eigenen Thema, zu dem wir prima eine passende Botschaft haben. Legen Sie sich vor jedem wichtigen Gespräch Schlüsselbegriffe Ihres Themas zurecht und streuen diese in Ihre Antworten ein, um somit Gespräche in Ihre eigene gewünschte Richtung zu lenken und Einfluss auf die nächste Frage zu nehmen.

Ein Beispiel:

> „In Kürze wollen wir mit einem neuen Umweltschutzprogramm die Nachhaltigkeit unserer Produktion und damit unseren Beitrag für eine saubere Natur sicherstellen."

Die Nachfrage wird mit hoher Wahrscheinlichkeit sein:

> „Wie sieht dieses Umweltschutzprogramm aus? Was ist der Inhalt?"

Die Antwort:

> „Unser neues Umweltschutzprogramm …"

Nun folgt unsere Kernbotschaft zum Thema.

Springt also der Interviewer oder Gesprächspartner auf das Schlüsselwort an, so haben wir Einfluss auf den Gesprächsverlauf genommen.

Auch zu diesem Verfahren der Gesprächssteuerung gehört ein wenig Übung. Probieren Sie es am Besten in unverfänglichen Alltagssituationen aus. Im Gespräch mit Kollegen, der Familie oder Freunden.

Sie werden merken: Es funktioniert bestens.

Setzen Sie Keywords ein.

Die Technik „Blocken"

Die Technik des Blockens, gerade am Anfang einer Antwort, ist wichtig, um im Gesprächsverlauf die eigene Position unmissverständlich deutlich zu machen.

Als Reaktion auf eine Einlassung des Gesprächspartners gibt es im Grunde nur drei Möglichkeiten der Einordnung:

> ➢ Es stimmt
> ➢ Es stimmt nicht
> ➢ Es stimmt *so* nicht

Vor jeder Antwort müssen wir uns überlegen, ob wir mit dem, was wir gerade vom Gegenüber gehört haben, „leben können" oder nicht.

Eine von den drei genannten Möglichkeiten trifft nämlich immer zu. Das kann man auch als Einleitungssatz in verschiedenen Varianten sagen, um dann auf die Argumentation mit der eigenen Botschaft zu kommen.

Wichtig wird eine Klarstellung vor allem immer dann, wenn Dritte, z.B. Zuschauer oder andere Zuhörer, bei dem Gespräch dabei sind. Wir müssen, wenn wir eine Aussage des Gesprächspartners nicht teilen, diese auch deutlich zurückweisen.

„Nein, das stimmt nicht, denn ..."

„Das würde ich so nicht formulieren, vielmehr ist uns wichtig, dass ..."

„Dem stimme ich nur bedingt zu. Unsere Auffassung zu dem Thema ist ..."

Wenn wir die falsche oder nicht ganz richtige Aussage des Gegenübers nicht zurückweisen, so gilt das in den Augen der Zuhörer und des Gesprächspartners als Zustimmung. Aus diesem Grunde ist es so wichtig, gleich am Satzanfang den Block zu setzen.

Anschließend können wir mit dem Einsatz einer Brücke unsere eigene Botschaft platzieren.

Beispiel:

„Ihre Frage trifft eher ein Teilgebiet unseres Wirkens (Blocken). Die wichtigsten Herausforderungen liegen in der Zukunft (Brücke)."

Dann sollten Sie die Kernbotschaft bringen:

„Unser neues Umweltschutzprogramm..."

So kann man jedes Interview oder jede Diskussion dialektisch gestalten:

- Frage aufnehmen
- Blocken
- Auf den Gesprächspartner kurz eingehen
- Brücke bilden
- Kernbotschaft senden
- Schlüsselwort einbauen
- Antwort des Gesprächspartners

Aufbau einer Kernbotschaft

Wie kann man eine Botschaft aufbauen?

Wie sind die Strukturen am zweckmäßigsten?

Das Verfahren ist so ähnlich, wie der Aufbau eines Statements oder einer Stellungnahme in einem Radio- oder Fernsehinterview. Denn auch hier geht es immer um den Einsatz der eigenen Botschaft. Die Gesamtlänge sollte 20 bis 30 Sekunden nicht überschreiten - lieber noch kürzer. Wie im Schulaufsatz unterteilen wir den Aufbau in Einleitung, Hauptteil und Schluss.

Wir bauen eine „Sandwich-Struktur" auf:

Am Anfang steht die Kernaussage. Das ist gleichzeitig unsere Kernbotschaft. Nun bringen wir im Hauptteil, also dem Mittelteil unseres Sandwiches, unsere Argumentation. Das sind maximal drei Punkte. Diese Punkte können unterschiedlich aufgebaut sein, z.B.:

- chronologisch (früher-heute-morgen),
- nach Schwerpunkten,
- oder in einer anderen strategisch angelegten Reihenfolge.

Bringen Sie immer ein Beispiel dazu. Am besten, weil authentisch und damit glaubwürdig, aus dem eigenen Erlebnis- oder Erkenntnisbereich. Im Schlussteil verstärken Sie noch einmal Ihre Position und weisen auf einen Zukunftsaspekt hin oder richten einen Appell an die Zuschauer und/oder den Gesprächspartner.

Das Ganze dauert maximal 20 bis 30 Sekunden und beinhaltet wenige kurze Sätze.

Beispiel:

> „Das Unternehmen hat in der Vergangenheit den Anschluss an den Markt verloren. Viele Kunden sind zur Konkurrenz gegangen. Das liegt im Wesentlichen an unseren zu alten Strukturen. Wir müssen uns verändern!" (Kernbotschaft)

> „Uns fehlt der aktuelle Marktüberblick."
> (Argument 1)

> „Wir passen unsere Preisgestaltung nicht an."
> (Argument 2)

> „Wir gehen zu wenig auf die Bedürfnisse unserer Kunden ein." (Argument 3)

> „Viele der Rückmeldungen unserer Kunden, die mich erreichen, bestätigen diese Einschätzung. So hat mich zum Beispiel gestern ein Kunde angerufen ..." (eigenes Beispiel)

> „Aus diesem Grunde müssen wir alle Abläufe und unsere Strukturen auf den Prüfstand stellen, wenn wir auch in Zukunft noch wettbewerbsfähig sein wollen!" (Bekräftigung mit Schlussappell)

Aufbau einer Stellungnahme

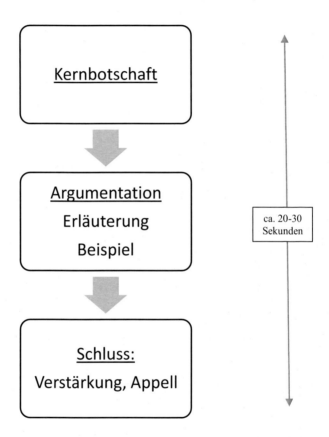

Abb. 30: Aufbau einer Stellungnahme

Kapitel 7

Gute Argumente

Das Gespräch

Wenn wir von einem Gespräch als der unmittelbarsten Form der Kommunikation sprechen, so meinen wir die verbale gesprochene Form des menschlichen Ausdrucks. Mit ihr wirken wir sofort auf unser Gegenüber ein. Mit dem gesprochenen Wort bedienen wir gleichzeitig mehrere Sinneskanäle - und natürlich auch die vier Ohren nach dem Kommunikationsmodell von Friedemann Schulz von Thun.

Hier wird noch einmal deutlich, dass es neben der reinen Sachinformation, vor allem auch auf die sogenannten Metabotschaften, also Botschaften, die sozusagen nur „mitschwingen", beziehungsweise die die „Begleitmusik" machen, ankommt. Sie kennen das: Es kommt eben nicht nur auf das „Was" an, sondern auch vor allem auf das „Wie".

Wenn ich einem meiner Mitarbeiter einen Wunsch verwehre, so ist es ein großer Unterschied, ob ich es in einem brüsken und harschen Ton sage: „Nein!" oder ob ich meine Ablehnung auch erläutere und erkläre, warum ich so entscheide. Hier macht der Tonfall tatsächlich die Musik. Bleiben Sie ruhig standhaft bei Ihrer überzeugten Position – wenn Sie gute Argumente haben, so bleiben Sie auch glaubwürdig.

Und darauf kommt es ja schließlich in jeder wirkungsvollen Kommunikation an.

Argumente in der Gesprächsführung

Um in einer schwierigen Gesprächssituation bestehen und überzeugen zu können, brauchen wir also gute Argumente.

Was ist denn ein Argument und wie setzte ich es sinnvoll ein?

Wikipedia meint dazu:

> „Ein Argument ist eine Aussage, die zur Begründung oder zur Widerlegung einer Behauptung gebraucht wird. Argumente können andere Menschen von der Richtigkeit oder Falschheit einer Behauptung überzeugen. Sie sind ein wesentliches Mittel im Bereich der Wissenschaft, der Kritik, der Diskussion und des Dialoges. Eine Verknüpfung von mehreren Argumenten ist eine Argumentation." [36]

Soweit die formale Bedeutung eines Argumentes. Es ist in aller Regel nach einem einfachen Schema aufgebaut:

Behauptung aufstellen – Begründung und Voraussetzung nennen – Beispiel geben – Schlusszusammenfassung mit Folgerung treffen.

Mit der guten Argumentation in Gesprächen und Diskussionen oder Reden vor Publikum, beschäftigt sich die Kunst der Rhetorik. Schon der antike griechische Philosoph Aristoteles lehrte uns vor etwa 2500 Jahren die Grundsätze des rhetorischen Handwerks. Viele bedeutende Gelehrte haben es ihm

---

[36] Wikipedia.de, Argumente, 2013

seither nachgemacht. Verändert hat sich bis heute nicht viel. Die Grundsätze sind die Gleichen geblieben.

Während in den Wissenschaften und in der Justiz in der Regel eine an logischen Idealen orientierte Argumentation im Sinne von Beweisführung gefordert wird, werden in anderen Bereichen auch andere rhetorische Mittel eingesetzt. Um bestimmte Ziele zu erreichen, werden häufig Mittel wie Sophismen, also der absichtliche Gebrauch von Fehlschlüssen, Scheinargumente und Polemik eingesetzt.

Der deutsche Philosoph Arthur Schopenhauer hat eine Reihe solcher rhetorischen Mittel zusammengestellt, die dazu dienen sollen, Recht zu behalten. Er nennt sie „Kunstgriffe". Die beschriebenen Argumentationsformen sollen den Redner dazu befähigen, selbst dann Recht zu behalten, wenn er die Unwahrheit sagt.

In der politischen Diskussion, aber auch im US-amerikanischen Strafrechtssystem, treten an die Stelle von schlüssigen Argumenten häufig überspitzte Formulierungen und persönliche Angriffe, die die Glaubwürdigkeit des Gegners herabsetzen sollen.

Im Laufe der Entwicklung rhetorischer Figuren hat sich die Lehre von der Argumentation auf allgemeine Lebensbereiche erweitert. Da die Wirkung von Argumentation darauf gerichtet ist, andere von der eigenen Aussage zu überzeugen, spielt vor allem in der täglichen Praxis die Auswahl und Formulierung der Argumente eine wichtige Rolle. Dabei geht es immer zunächst um eine Aussage oder Behauptung, die wir mit Argumenten stützen müssen, um mit einer Schlussfolgerung dann die Richtigkeit belegen zu können. Wenn unser Gegenüber das einsieht, haben wir gut argumentiert und waren am Ende überzeugend.

Damit wir ein Gefühl dafür bekommen, wie gute Rhetoriker unserer Zeit ihre Argumente bewusst einsetzen, schauen wir uns einmal einige Arten von Argumenten und deren Einsatzmöglichkeiten an.

Zunächst ein Überblick:

1. **Deduktive Argumente**
   (Hergeleitete Wahrheiten)
2. **Induktive Argumente**
   (Wahrscheinliche Wahrheiten)
3. **Indirekte Argumente**
   (Beweis durch Wiederspruch)
4. **Sophismen**
   (Täuschende Scheinargumente)
5. **Scheinargumente**
   (Kein logischer Aufbau)

1. Deduktive Argumente (Hergeleitete Wahrheiten)

Als deduktive Argumente oder Wahrheitsbeweis werden Argumente bezeichnet, bei denen die Schlussfolgerung logisch aus den Voraussetzungen folgt, unter denen die Behauptung aufgestellt wurde. Damit ist die logische Schlussfolgerung immer wahr und richtig, wenn die Voraussetzung stimmt.

Ich gebe Ihnen einmal ein einfaches Beispiel.

Als Automobilverkäufer behaupten wir:

> „Mit diesem Auto können Sie 1000 Kilometer reisen, ohne unterwegs tanken zu müssen."

Nun wird uns der Kunde vielleicht nach dem Grund, also einem Argument oder einem Beleg für diese Behauptung, fragen. Das Argument baut sich nach der beschriebenen deduktiven Methode dann so auf:

> „Dieses neue Auto verbraucht mit der neuen sparsamen Motortechnik nur fünf Liter pro 100 Kilometer. Sein Tankinhalt beträgt 50 Liter. Das bedeutet, Sie können mit einer Tankfüllung 1.000 Kilometer reisen, ohne unterwegs tanken zu müssen."

Es ist also aufgrund der Voraussetzung, dass der Tankinhalt 50 Liter fasst und das Auto nur 5 Liter pro 100 km verbraucht logisch, dass das Auto dann 1000 Kilometer, ohne zwischendurch zu tanken, fahren kann. Denn mit der zehnfachen Menge von 5 Litern fahre ich auch die zehnfache Menge an Kilometern.

Ein weiteres Beispiel stellt zwei Aussagen mathematisch und damit logisch miteinander in Bezug. Aus dem rechnerischen Ergebnis wird die Plausibilität einer Ersparnis oder eines Gewinnes dargestellt.

Beispiel:

> „Bei Einsparungen von nur 1,7 Cent pro Druckseite sparen Sie bei Ihrer Auflage bereits 20.000 x 0,017 = 340,- Euro im Monat."

Die Behauptung ist hier:

> „Sie sparen jeden Monat 340,- Euro an Druckkosten, wenn …. und nun folgt die Voraussetzung: … wenn „Sie mit jeder Seite bei Ihrem Druckvolumen von 20.000 Blättern nur 1,7 Cent einsparen."

Die Behauptung ist also auch in diesem Beispiel die vorange-stellte Schlussfolgerung aus dem Aufbau meines Argumentes. Wenn Sie sich im Fernsehen einmal Diskussionsrunden bewusst vor dem Hintergrund des Aufbaus von Argumenten der Diskussionsteilnehmer ansehen, so werden Sie vieles wieder-erkennen.

Eine weitere häufige Form des Aufbaus einer Argumentation sind die sogenannten induktiven Argumente. Während die *deduktiven Argumente* eine logische Herleitung der Schlussfol-gerung sind, sind *die induktiven Argumente* eher „wahr-scheinliche Wahrheiten".

2. Induktive Argumente
(Wahrscheinliche Wahrheiten)

Induktive Argumente stützen sich auf empirische, also statis-tisch erhobene Beobachtungen und Erfahrungen. Dabei wird von Einzelfällen auf das Allgemeine geschlossen. Es ist zwar rational, die Schlussfolgerung für wahr zu halten, wenn alle Voraussetzungen wahr sind. Die Schlussfolgerung folgt je-doch nicht zwingend logisch, sondern ist nur in gewissem Grade wahrscheinlich.

Ich gebe Ihnen ein Beispiel:

„Bei allen bisherigen Versuchen, die Rechtschrei-bung zu reformieren, zeigte sich, dass die Leistungen der Schüler nachließen. Also werden die Leistungen der Schüler bei Einführung der aktuellen Recht-schreibreform wieder nachlassen."

Es *erscheint* also nur logisch, dass auch eine neue Recht-schreibreform, die Leistungen der Schüler heruntersetzt, weil das eben - nach jeder bisherigen Reform - immer so war. Aber zwingend für die Zukunft und alle Ewigkeit ist das nicht.

Auch wenn die Aussage „Alle bisherigen Reformen führten zu schlechteren Leistungen" durch empirische Studien ausnahmslos bestätigt sein sollte, gilt das Argument nur in einem statistisch abgesicherten Rahmen, da ein einziges Gegenbeispiel die Allgemeingültigkeit widerlegen würde.

Die dritte Form häufig zu hörender Argumente sind *indirekte Argumente*. Das sind Argumente, die durch Anführung des Gegenteils einer anderen Behauptung gestützt werden.

3. Indirekte Argumente (Beweis durch Widerspruch)

Eine Gegenbehauptung untermauert die eigene Aussage mit dem Gegenteil dessen, was der Diskussionspartner behauptet.

Beispiel:

> „Die Gegner der Rechtschreibreform behaupten, dass die Schüler mit den neuen Regeln *mehr* Fehler machen würden. Neueste Untersuchungen zeigen jedoch, dass die Fehlerquote seit Einführung um 20 Prozent *gesunken* ist."

Hier wird also das Gegenteil dessen behauptet, was als Aussage im Raume steht: Statt des Ansteigens der Fehlerquote bei Schülern, sinkt diese nach Einführung der Rechtschreibreform in der Beobachtung des Gegenredners in dieser Diskussion.

Damit dieser Gegenbeweis funktioniert, muss die Gegenbehauptung natürlich stimmen. Dieses Argument funktioniert also nur, wenn wir es auch tatsächlich besser wissen, z.B. weil wir eine andere oder eine neuere Quelle besitzen, als unser Gesprächspartner.

Eine negative Form der Argumentation ist der Einsatz von sogenannten *Sophismen*.

Das sind Scheinargumente, die bewusst zur Täuschung des Gesprächspartners eingesetzt werden.

4. Sophismen (Täuschende Scheinargumente)

Ein mit der Absicht, andere zu täuschen, verwendetes Scheinargument, wird als Sophismus bezeichnet. Dabei handelt es sich um Argumentationen, die bei korrekter Handhabung logisch einwandfrei sind, jedoch auch zu (absichtlichen) Fehlschlüssen verwendet werden können.

Diese Sophismen haben das Ziel, einen Gesprächspartner in seiner Gewissheit zu erschüttern oder vor einem Publikum zu diskreditieren, indem sie ihn dazu bringen, etwas Paradoxes zuzugeben.

Schauen wir uns auch hierzu einmal Beispiele an. Sie sind zwar nicht zeitgemäß, sollen aber das Prinzip der Anwendung von Sophismen darstellen:

Der *Sophismus vom Gehörnten*

> Was Du nicht verloren hast, das hast Du noch.
>
> Hörner hast Du nicht verloren

Fehlschluss: Du hast also Hörner

Der *Sophismus vom Verhüllten*

> Weißt Du, wer dieser Verhüllte ist? – Nein!
>
> Es ist Dein Vater!
>
> ─────────────────────────────
>
> *Fehlschluss:*   Du weißt nicht, wer Dein Vater ist.

In diesen Beispielen wird deutlich, dass die Schlussfolgerung mit Absicht falsch getroffen wird, um eine falsche Wahrheit herzustellen.

Falsche Wahrheiten entstehen auch durch Doppeldeutigkeiten von Begriffen. Manchmal setzen rhetorisch geschulte Diskussionsteilnehmer bewusst Begriffe ein, die mehrere Bedeutungen haben und deshalb fehlgedeutet werden können. Das ist dann das Gegenteil des Einsatzes von unseren klaren und unmissverständlichen Botschaften, die wir brauchen um nicht falsch verstanden zu werden.

Als rhetorisches Stilmittel eingesetzt, sollen Mehrdeutigkeiten gerade Verwirrung stiften oder zu falschen Schlussfolgerungen führen.

Doppeldeutigkeit

Eine Doppel- oder Mehrdeutigkeit ist ein zweischneidiges Argument, bei dem die genaue Bedeutung unklar bleibt und damit eine Rückzugsmöglichkeit auf eine andere Interpretation offenlässt.

Diese Argumentation wird bewusst eingesetzt, um sich noch ein „Hintertürchen" offen zu lassen, in dem behauptet wird:

„Ich habe das aber in (diesem oder jenem) Sinne gemeint."

Beispiel:

Mehrdeutigkeit nach dem Sinn

1. *Jeder Mann liebt eine Frau.*
   - Jeder Mann liebt mindestens eine Frau. (Übliches Verständnis durch Mathematiker)
   - Jeder Mann liebt genau eine Frau. (Sonderfall des vorigen Falles)
   - Alle Männer lieben dieselbe Frau. (Sonderfall des vorigen Falles)
   - Es gibt genau eine Frau, und alle Männer lieben sie. (Sonderfall des vorigen Falles)

2. *Ein Junggeselle ist ein Mann, dem zum Glück noch die Frau fehlt.*
   - Er wäre glücklich, wenn er eine Frau hätte.
   - Er kann sich freuen, dass er noch keine Frau hat.

Es kann auch zu Doppeldeutigkeiten kommen, wenn die Wörter oder die Wortfolge gleich klingen.

Mehrdeutigkeit nach dem Klang

- Der Tänzer soll die Tänzerin fair führen. / Der Tänzer soll die Tänzerin verführen.
- Frucht-Bar / fruchtbar
- Ich bin neugierig und gefräßig. / Ich bin neu, gierig und gefräßig.
- Er hat in Havanna liebe Genossen,… / Er hat in Havanna Liebe genossen.
- Der Gefangene floh. / Der gefangene Floh.

Eine weitere wesentliche Gruppe von Argumenten sind die *Scheinargumente.*

5. Scheinargumente

Während bei Fehlschlüssen noch versucht wird, sachbezogen und rational zu argumentieren, benötigt ein „Scheinargument" keinen logischen Aufbau. Dennoch können Scheinargumentationen oft sehr wirkungsvoll sein.

Das sind also Argumente, die überhaupt keinen Zusammenhang mit der Diskussion haben. Meistens werden sie angeführt, wenn saubere Argumente nicht mehr greifen.

Persönlicher Angriff

Mit dem persönlichen Angriff unterstellt man dem Gegner allgemein, dass ihm die Fähigkeit zum korrekten Argumentieren bzw. das Fachwissen fehlt und dass damit seine Schlüsse allgemein ungültig sind.

Man versucht die Zuhörer zu dem Fehlschluss zu verleiten, dass irrelevante, aber allgemein negativ besetzte Eigenschaften der Person (Geschlecht, Profession, politische Orientierung etc.) etwas mit dem Wahrheitsgehalt der Argumentation zu tun haben („kriminell", „Sozialist/Nazi" usw.).

Totschlagargument und Killerphrase

Als Killerphrasen und Totschlagargumente werden Argumente bezeichnet, die nahezu inhaltslose Aussagen sind und vor allem der Ablehnung oder Herabsetzung des Gegenübers dienen. Auch das vorgeschobene Argument der Alternativlosigkeit gehört in diese Gruppe.

Killerphrase:

- „Das hat doch keinen Sinn!"
- „Das wäre ja noch schöner!"
- „Das ist eben so."
- „Haben Sie keine anderen Sorgen?"
- „Das besprechen wir ein andermal!"

Totschlagargument:

- „Das würde den Rahmen sprengen."
- „Das ist unserer Zielgruppe nicht vermittelbar."
- „Daran sind schon ganz andere gescheitert."
- „Das hat noch nie funktioniert!"
- „Das ist politisch nicht korrekt."
- „Das ist doch ein Totschlagargument."

Alternativlosigkeit:

- „Es gibt keine Alternative!"

Drohung

Mit dem *Argument der Gewalt* wird das Ende rationaler Diskussion mittels Überreden und Einschüchtern durch Macht und Stärke eingeleitet.

Beispiel:

> „Herr Dorn hat Hochverrat begangen, aber natürlich können Sie weiterhin versuchen, eine anderslautende Meinung an die Öffentlichkeit zu bringen. Machen Sie sich um Ihre Familie keine Sorgen? In der heutigen Zeit kann so viel Schlimmes passieren…"

Schweigen als Argument

Mit dem Schweigen wird das Weglassen von Informationen für einen gewünschten, aber irreführenden Eindruck genutzt.

Beispiel:

> „Nachdem ich nun nacheinander mehrere Argumente des Herrn X vernommen und widerlegt habe, dürfte klar sein, dass von seiner These nicht viel zu halten ist. Ich sage dazu nichts mehr."

Übertreibung

Mit der Übertreibung wird aus einer richtigen Schlussfolgerung, aus deren Wahrheit der Aussage unangenehme oder scheinbar unerträgliche Konsequenzen folgen würden, die Falschheit, Unwichtigkeit oder Belanglosigkeit der Aussage durch Übertreibung unterstellt, um den Gegner lächerlich zu machen.

Beispiel:

> „Wenn die Erde sich tatsächlich durch den von uns verursachten Kohlendioxid - Ausstoß erwärmen würde und dies unabsehbare Folgen hätte, dann müssten wir den Energieverbrauch durch fossile Brennstoffe in der Tat drastisch einschränken. Da dies aber unsere Industrie, unsere Autos und Haushalte sowie das ganze wirtschaftliche Leben aller hier Anwesenden vollkommen ruinieren würde, brauchen wir nicht weiter darüber zu diskutieren."

Die Übertreibung liegt hier in der Aussage der „vollkommen ruinierten" Wirtschaft und der Betroffenheit „aller Anwesenden". Wie die in Deutschland eingeführte Energiewende eindrucksvoll belegt, bricht durch die Verlagerung der Verwendung fossiler Brennstoffe, hin zu erneuerbaren Energien, keineswegs das beschriebene Horrorszenario aus.[37]

Die hier dargestellten Formen von Argumenten sind eine kleine Auswahl aus einer Vielzahl von Möglichkeiten in der Argumentation, in Gesprächen oder Diskussionen. Nicht alle sind redlich. Sie werden aber häufig und bewusst von geschulten Rhetorikern eingesetzt.

Sie verfolgen alle das gleiche Ziel: Recht zu bekommen.

Argumentation aufbauen

Gute Ideen oder umfassendes Wissen reichen oft nicht aus, um den Gesprächspartner zu überzeugen oder gar zu begeistern. Vielmehr kommt es auf ein vernünftiges Konzept, eine bestechende Argumentation und eine lückenlose Vorbereitung an.

Wie können wir nun eine schlagkräftige Argumentation aufbauen und einsetzen?

In Geschäftsbeziehungen zu Kunden, Banken oder anderen Verhandlungspartnern und natürlich auch in der internen Kommunikation mit Kollegen, Mitarbeitern oder Vorgesetzten, ist eine gute Argumentationstechnik sehr wichtig.

Merke: Wer sicher argumentiert, beweist Kompetenz und Überzeugungskraft.

---

[37] Nach Wikipedia, Typen von Argumenten, 2013

Damit Sie aber Ihr Gegenüber auch wie gewünscht erreichen, sind nicht nur die Argumente selbst wichtig. Es kommt vor allem auch darauf an, wie gut Sie sie präsentieren.

- Einerseits zählt, *wie* die Argumente vermittelt werden,
- anderseits kommt es darauf an, wie verständlich und einprägsam sie für Ihre Gesprächspartner sind.

In der Argumentationstechnik sind deshalb drei Komponenten von Bedeutung: Form, Struktur und Inhalt.

- Die Form beinhaltet die Art und Weise, wie dem Gesprächspartner die Argumente übermittelt werden und welche rhetorischen Mittel dazu eingesetzt werden.
- Struktur meint, dass die Argumentation so aufgebaut sein muss, dass sie verständlich und nachvollziehbar ist.
- Der Inhalt bezieht sich auf die Brauchbarkeit der Argumente und die Qualität der Fakten.

Argumentationstechnik heißt auch, mit Gegenargumenten und Einwänden umgehen zu können. Sie setzen Argumente ja nur dann ein, wenn Sie Menschen die anderer Meinung sind überzeugen wollen - also erwarten Sie auch Gegenstimmen.

Wären alle Beteiligten sofort einverstanden, dann wäre jede Argumentation überflüssig. Sie müssen also in der Lage sein, auf Einwände und Angriffe von Gesprächspartnern kompetent zu reagieren.

Die sechs Bausteine einer wirksamen Argumentation

Welches Ziel Sie auch erreichen möchten: Die grundsätzlichen Bausteine der Argumentation sind immer dieselben. Die Ausprägung (Form, Struktur) und der Inhalt hängen natürlich von der jeweiligen Situation ab. Ob eine Argumentation zweckmäßig ist, entscheidet sich danach, wie sehr sie sich dem Gesprächspartner und dem Kontext anpasst.

Baustein 1: Gegen-Perspektive einnehmen

Nur, wenn Sie die Erwartungen und Blickwinkel Ihrer Gesprächspartner kennen und darauf vorbereitet sind, können Sie optimal im Gespräch agieren. Deshalb ist es wichtig, Informationen über Ihren Gesprächspartner zu sammeln. Und: Gibt es überhaupt nur *einen* Hauptansprechpartner? Oder müssen Sie womöglich *mehrere* Personen überzeugen?

Für jede Person, die überzeugt werden soll, ist es wichtig, zu wissen:

- Welche "Sprache" wird vom Gesprächspartner gesprochen? (die des Fachspezialisten, die des Laien ...)

  Wer in der Lage ist, mit anderen Fachkollegen in ihrem speziellen Fachjargon zu sprechen, kann mehr Überzeugungskraft aufbauen, als jemand, dem Fachjargon fremd ist. Der Geschäftsführer eines Unternehmens spricht eine andere Sprache als der Betriebsrat; der Werkarbeiter eine andere als der Buchhalter. Dies sollten Sie berücksichtigen, wenn Sie sich die Form Ihrer Argumentation überlegen.

- Welche Ziele und Erwartungen hat die Person?

Mit welchen Zielen und Erwartungen wird Ihr Gesprächspartner in das Gespräch gehen? Nur, wenn ein Zuhörer für sich einen Nutzen erkennen kann, werden Ihre Vorschläge und Ihre Argumente bei ihm auf fruchtbaren Boden fallen. Können Sie sich in die Situation Ihres Gegenübers einfühlen, so gelingt es Ihnen deutlich besser, einen echten Nutzen für ihn darzustellen und plausibel zu vertreten.

Darüber hinaus ist es wichtig, ob es sich bei dem Gegenüber um einen möglichen Gegner oder eher einen Befürworter Ihrer Zielsetzung handelt. Dies hat Einfluss auf den Inhalt der Argumentation. Je weniger Zustimmung Sie erwarten, umso stichhaltiger müssen die Argumente sein, die Sie anführen.

- Wie kompetent ist die Person?

Wenn Sie wissen, welche Sachkompetenz Ihr Gesprächspartner mitbringt, so können Sie die Argumentation inhaltlich darauf abstimmen. Sind mehrere Personen am Gespräch beteiligt, sollten Sie sich auf die wesentlichen Entscheider konzentrieren. Auch die Erfahrung in der Thematik spielt eine wichtige Rolle dabei, welche Qualität Ihre Argumente aufweisen müssen. Haben Sie es mit erfahrenen Fachspezialisten zu tun, müssen die Argumente auch entsprechend gehaltvoll sein.

Als nächstes ist von Bedeutung, welche Art von Argumenten Sie benötigen, um erfolgreich aus dem Gespräch zu gehen.

Baustein 2: Zahlen, Daten, Fakten

In vielen Fällen bieten harte Fakten wesentlich mehr Überzeugungskraft als einfache Behauptungen. Untermauern Sie also Ihre Argumentation mit Fakten. Deren Einsatz hängt natürlich auch davon ab, welche Zahlen oder Daten für Ihre Situation aussagefähig sind und ob diese für Ihren Gesprächspartner als Entscheidungskriterium dienen können. Der Hauptgrund, Zahlen in eine Argumentation einzubeziehen, ist deren Plausibilität. Alle Sachverhalte, die einen Bezug zu Zahlen haben (wie Umsatz, Kostenersparnis, jährliche Raten), sollten so dargestellt werden, dass alle (!) am Gespräch beteiligten Personen sie auch verstehen. Auch Hochrechnungen und Prognosen sowie Vergleichszahlen tragen dazu bei, die Argumentation zu untermauern.

> Die Aussage *"Damit erreichen wir eine Kostenersparnis von 15 %."*, ist als Argument weniger eingängig, als die Aussage *"Damit erreichen wir eine deutliche Ersparnis der Heizkosten, die im laufenden Jahr laut Betriebsbericht 3.000 Euro betragen. Wir können mit meinem Vorschlag 15 % davon einsparen, in diesem Jahr also 450 Euro. Im Planungszeitraum der kommenden fünf Jahre summiert sich die Ersparnis angesichts der Kostensteigerung bei Gaspreisen von 2,5 % jährlich auf rund 2.400 Euro."*

Auf diese Weise kann der Zuhörer die eingebrachten Fakten nicht nur besser einordnen, sondern er erkennt auch die Tragweite der Entscheidung sowie den eigenen Nutzen.

Verwenden Sie grundsätzlich nur Hochrechnungen und Prognosen, die realistisch sind und die Ihre Gesprächspartner auch selbst nachvollziehen können. Unrealistisch lange Zeiträume und willkürlich angeführte Prognosen führen beim Zuhörer eher zu skeptischen Nachfragen.

Geeignete Daten, die Ihre Argumentation unterstützen können, bieten:

- Vergleichszahlen (andere Firmen, ähnliche Branchen, Vergleichsjahre),

- Volumina (Umsatz pro Jahr, Stück pro Jahr etc.),

- Absolutwerte und Prozentverhältnisse (12 %, das sind in Euro ...),

- Bezugszeiträume (Euro Jahr, Monat, Tag),

- Durchschnitts- und Prognosewerte (durchschnittlich im Monat, für die nächsten fünf Jahre hochgerechnet).

Für die inhaltliche Qualität der Fakten ist entscheidend, aus welcher Quelle sie stammen. Es verleiht Ihren Argumenten mehr Überzeugungskraft und Glaubwürdigkeit, wenn Sie sich auf seriöse Experten und renommierte Institutionen berufen.

So können Sie z. B. Zahlen des statistischen Bundesamtes als Quelle nutzen oder auch Geschäftsberichte und Statistiken des eigenen Unternehmens.

Wichtig ist, dass Sie Ihr Zahlenmaterial aus einer nachprüfbaren, seriösen Quelle beziehen. Andere mögliche Quellen sind Jahrbücher, Artikel und Veröffentlichungen von Instituten, die den Teilnehmern geläufig und von ihnen anerkannt sind (ein Beispiel wäre das häufig zitierte ifo-Institut), ebenso wie Artikel und Berichte aus renommierten Zeitschriften (wissenschaftlichen oder wirtschaftlich orientierten Fachzeitschriften).

Und ganz nebenbei demonstriert die Verwendung derartiger Quellen Ihre hohe Sachkompetenz. Sie sollten allerdings darauf achten, solche Quellen nur sparsam einzusetzen.

Baustein 3: Vorschlag prägnant formulieren

Worauf wollen Sie hinaus? Was ist Ihr Vorschlag, Ihre Idee, Ihr Plan? - Formulieren Sie Ihr Ziel möglichst kurz und einleuchtend, ohne allzu plakative und ausschweifende Worte. Sie selbst kennen Ihren eigenen Vorschlag natürlich ganz ausgezeichnet - es sind Ihre *Zuhörer*, die verstehen müssen, worauf Sie hinaus wollen.

Je eingängiger Sie Ihren Vorschlag im Gespräch präsentieren, desto besser setzt er sich im Gedächtnis Ihrer Gesprächspartner fest. Ausweichende oder allgemein formulierte Vorschläge können missverstanden werden. Auch eine zu lange Einleitung oder Ausschmückung kann dazu führen, dass Ihr eigentliches Ziel vom Gesprächspartner nicht richtig aufgenommen wird.

- Also nicht: "Wir sollten versuchen, uns zu einigen, möglichst frühzeitig mit einer Sanierung zu beginnen, in der die Heizanlage - genauer gesagt der Heizkessel - modernisiert werden soll. Einen günstigen Lieferanten hätte ich mit Firma A auch schon gefunden ...",
- sondern: "Ich schlage vor, wir lassen im August den Heizkessel von Firma A modernisieren."

Eine knackige Formulierung ist nicht nur zu Beginn der Diskussion einprägsam, sondern kann während des Gesprächs auch wiederholt werden.

Baustein 4: Gegenargumente und Kausalzusammenhang identifizieren

Ihre Überzeugungskraft kann dann am besten wirken, wenn Sie allen Einwänden und Gegenargumenten professionell begegnen. Deshalb ist es gut zu wissen, was gegen Ihre Argumentation spricht.

Dazu gehört auch, sich über die Ursache-Wirkung-Beziehung Ihrer Argumente im Klaren zu werden, d. h. ob der von Ihnen angenommene Kausalzusammenhang auch wirklich wasserdicht ist: *"Wenn wir Lieferanten A beauftragen, können wir die Plankosten einhalten."* - Liegen Ihnen die Zahlen wirklich schon vor? Besteht ein Restrisiko?

Oder *"Wir können nur die eine Lösung wählen, es gibt keine Alternative"* - Ist eine Alternative wirklich völlig unmöglich oder nur unwahrscheinlich? Was geschieht, wenn eines Ihrer Argumente entkräftet werden kann - bauen die anderen darauf auf?

Häufig hilft die Beschäftigung mit Gegenargumenten dabei, die eigenen Argumente auf die inhaltliche und logische Qualität hin zu überprüfen. Auch sollten Sie wissen, welche Nachteile Ihr Vorschlag mit sich bringen wird und welche Kosten er verursacht. Sind Ihnen die "Risiken und Nebenwirkungen" Ihrer Zielsetzung bekannt, so können Sie frühzeitig überlegen, wie Sie Gegenargumente abschwächen können. Auf diese Art können Sie eine Bewertung dieser Nachteile in Ihrer Argumentation bereits vorwegnehmen (was nebenbei auch zeigt, dass Sie sich intensiv mit dem Sachverhalt auseinandergesetzt haben):

> *"Mir ist klar, dass damit ein zusätzlicher Aufwand auf uns zukommt, aber ich bin der Überzeugung, dass der gewonnene Nutzen überwiegt."*

Das nennt man auch „Wind aus den Segeln nehmen".

Es lohnt sich übrigens, auch an mögliche Kompromisslösungen frühzeitig zu denken und die Argumente für einen "erträglichen" Kompromiss zu bedenken. Denn falls Sie im Gespräch tatsächlich keine Zustimmung zu Ihrem Vorschlag erreichen können, ist ein Kompromiss vielleicht die bessere Lösung - Sie gehen nicht als Verlierer aus dem Gespräch, sondern schaffen eine für alle tragbare Situation.

Baustein 5: Schlagkräftigste Argumente ausformulieren

Vermutlich haben Sie ein ganzes Arsenal von Argumenten, das Sie komplett auf Ihr Gegenüber "abschießen" könnten. Doch die Erfahrung zeigt, dass die Konzentration auf wenige Argumente Erfolg versprechender ist. Wenn Sie knapp und prägnant argumentieren, vermeiden Sie, dass sich Ihr Gesprächspartner überfordert fühlt. Die Zahl Drei hat sich tatsächlich in der Praxis sehr gut bewährt ("Aller guten Dinge sind drei"). Tatsächlich sind drei Argumente sehr gut vorzubereiten und im Kopf zu behalten - auch bei Ihrem Gegenüber. Im Notfall reichen sicher auch mal zwei Argumente aus.

Weniger als zwei Argumente sind allerdings ein recht schwaches Geschütz zur Unterstützung der eigenen Überzeugungsarbeit! Deshalb sollten Sie aus all den Punkten, die für Ihren Vorschlag sprechen, die drei wesentlichen Argumente herausarbeiten. Denken Sie dabei an die Perspektive Ihrer Zuhörer, an deren Kompetenz und an deren spezifische Fachsprache!

Weniger ist mehr - dafür prägnant und eindringlich!

Baustein 6: "Schlachtplan" erstellen

Ein möglicher Schlachtplan sollte immer auf die Situation abgestimmt werden. Dafür kann es natürlich kein Patentrezept geben. Ein Ansatz, der sich in der beruflichen Praxis häufig bewährt hat, besteht aus den folgenden vier Schritten:

1. Einigkeit über die Ausgangssituation

Grundsätzlich ist es wichtig, beim Gesprächspartner die Akzeptanz Ihrer Argumente zu erreichen. Dafür sollten Sie zunächst den Boden bereiten, indem Sie eine gemeinsame Sicht der Beteiligten auf die Ausgangssituation herstellen. Legen Sie also Ihre Sicht auf die Dinge dar, und zwar ohne Bewertung oder Vorwegnahme.

Eine neutrale Darstellung ist am besten geeignet, eine Abwehrhaltung der Zuhörer zu verhindern.

Wichtig ist es, die Nachteile oder Schwierigkeiten, die in der Ausgangssituation bedingt sind, in die Darstellung mit einzubeziehen. Vermeiden Sie jedoch auch hier eine Bewertung oder Schuldzuweisung, die bei den beteiligten Personen zu Konfrontationen führen könnte.

2. Ihr Lösungsvorschlag prägnant formuliert

Wenn sich alle Beteiligten über Ihre Darstellung der Ausgangslage einig sind, sprechen Sie Ihren Vorschlag so kurz und prägnant wie möglich an. Eine Einleitung hierfür ist sinnvoll:

> *"Wir sind uns einig, dass der augenblickliche Zustand nicht optimal ist. Deshalb schlage ich vor ..."*

So appellieren Sie an die Zustimmung Ihrer Zuhörer, was die aktuelle Situation angeht. Verwenden Sie dazu die Formulierung, die Sie in der Vorbereitung bereits ausgearbeitet haben. Auf dieser Zustimmung dann bauen Sie mit Ihrem Lösungsvorschlag auf.

3. Drei Argumente in optimaler Reihenfolge

Danach folgen die drei Argumente, die Sie vorbereitet haben. Es ist sinnvoll, die Argumente ausdrücklich anzukündigen: *"Dafür gibt es drei gute Gründe ..."*
Der Zuhörer erhält auf diese Weise eine einfache und klare Struktur mitgeteilt, die einprägsam ist. Er kann so den Argumenten besser folgen. Und er kann sie als "erstes, zweites und drittes" Argument besser im Gedächtnis behalten als mehrere in loser Reihenfolge genannte Gründe.

Beginnen Sie Ihre Argumente dann auch mit der Aufzählung "Erstens ..." - "Zweitens ..." und "Drittens ..." So beugen Sie Unterbrechungen und frühzeitigen Einwendungen vor; denn Sie haben ja drei Argumente angekündigt - dann steht es Ihnen auch zu, sie aufzuzählen. Darüber hinaus bleibt diese Nennung Ihren Gesprächspartnern wiederum besser im Gedächtnis und wirkt strukturiert und durchdacht.

Als Reihenfolge schlage ich vor, zu Beginn das zweitstärkste Argument zu nennen. Dann als zweites Argument das schwächste der drei und erst am Schluss das Argument, dem Sie die meiste Überzeugungskraft zuordnen. Die zum Schluss gesprochenen Worte können sich Ihre Gesprächspartner übrigens besser merken, als die vorausgegangenen, sie erhalten damit auch mehr Überzeugungskraft.

4. Den "Sack zubinden"

Machen Sie Ihre Zuhörer gedanklich auf die Quintessenz Ihrer Argumentation aufmerksam: Fassen Sie die wesentlichen Fakten zusammen, stellen Sie einen logischen Bogen zum Beginn des Gesprächs her und appellieren Sie an Ihre Gesprächspartner, Ihrem Vorschlag zuzustimmen.

> *"Nun habe ich Ihnen vorgeschlagen, ... wir haben die Argumente pro und contra diskutiert, ... ich bitte nun abschließend um Ihre Zustimmung".*

Auf diese Weise verhindern Sie, dass die Diskussion versandet oder sich Ihre Ansprechpartner um eine klare Aussage herumdrücken können. Auch nehmen Sie Ihren Gegnern die Zeit, weitere Gegenargumente zu finden.[38]

Haben Sie alle Bausteine - Ihrer Situation und Ihren Anforderungen entsprechend - berücksichtigt, so sind Sie auf Ihr Gespräch optimal vorbereitet.

Wichtig ist es, sich die nötige Zeit für die Vorbereitung zu nehmen. Denn das erhöht Ihre eigene Sicherheit und damit auch Ihre Überzeugungskraft.

---

[38] Nach Niklas, C., akademie.de, 2012

Hier die sechs Bausteine noch einmal im Überblick:

Baustein 1:
Gegen-Perspektive einnehmen

Baustein 2:
Zahlen, Daten, Fakten

Baustein 3:
Vorschlag prägnant formulieren

Baustein 4:
Gegenargumente und Kausalzusammenhang identifizieren

Baustein 5:
Schlagkräftigste Argumente ausformulieren

Baustein 6:
"Schlachtplan" erstellen

Kapitel 8

„Kunstgriffe" der Rhetorik

Die Kunst, Recht zu behalten

Der deutsche Philosoph Arthur Schopenhauer (* 22. Februar 1788 in Danzig; † 21. September 1860 in Frankfurt am Main), beschäftigte sich mit Kommunikationsfragen und den verschiedenen Werkzeugen in der *Rhetorik* (Kunst der Beredsamkeit) und *Dialektik* (Kunst der Unterredung). Aus diesem Zusammenspiel ergibt sich die *Eristik*, als die Lehre vom Streitgespräch und die Kunst der Widerlegung in einer Diskussion oder Debatte.

Beschäftigen wir uns kurz mit dem Begriff der Rhetorik, da es verschiedene Ansichten der Funktion und Wirkweise hierzu gibt.

Formal gesehen, kann Rhetorik mit „Redekunst" gleich gesetzt werden.

> „Die Aufgabe der Rede ist es, den Zuhörer von einer Aussage zu überzeugen oder zu einer bestimmten Handlung zu bewegen.
>
> Als *Kunst* der Rede stellt die Rhetorik hierzu die Mittel bereit, als *Theorie* der Überzeugung analysiert

sie diese. Insofern enthält Rhetorik immer eine Doppelaufgabe und soll sowohl *Kunst* als auch *Wissenschaft* sein.

Zum einen geht es um die *Kunst*, Menschen von einer Ansicht zu überzeugen oder zu einer Handlung zu bewegen, zum anderen um die *Wissenschaft* vom wirksamen Reden."[39]

Insofern ist das Mittel der Rhetorik auch ein notwendiger Teil der zielgerichteten und wirkungsvoll angelegten Kommunikation, wie wir sie verstehen. Es lohnt sich daher, sich mit einem der Werke Schopenhauers, den „Kunstgriffen" in der Rhetorik, auseinanderzusetzen.

Unredliche Techniken zur Durchsetzung eigener Interessen gehören längst zum rhetorischen Alltag – sei es in der Politik, in der Wirtschaft oder auch im privaten Bereich. Dennoch sind solche "unfairen" Mittel in der modernen Gesellschaft weiterhin genauso umstritten, wie im antiken Griechenland vor 2500 Jahren.

Dies mag vielleicht auch der Grund dafür sein, dass es nur wenig Literatur zu dieser 'dunklen' Seite der Rhetorik gibt. In *Eristische Dialektik oder Die Kunst, Recht zu behalten* beschreibt Arthur Schopenhauer, etwa um das Jahr 1830, achtunddreißig sogenannte „Kunstgriffe", um in Debatten das Oberwasser zu behalten. Allerdings hat der große Denker seinen Text nie zu Lebzeiten publiziert; erst nach seinem Tode wurde diese Schrift im Jahre 1864 der Öffentlichkeit zugänglich gemacht.

Mit Hilfe der „Kunstgriffe" kann man in einem Disput, einer Debatte oder einer Diskussion Zustimmung beim Publikum oder sogar vom Gegner erzeugen, indem man die eigene

---

[39] Nach Wikipedia.de, Rhetorik, 2013

Position plausibel macht oder die Plausibilität des Gegners untergräbt.

Er spricht hier explizit vom „Gegner" und nicht vom „Gesprächspartner", weil es bei Streitgesprächen oder Gesprächen mit gegensätzlichen Positionen immer um die Meinungshoheit geht.

Diese „Kunstgriffe", auch Strategeme (vom Stammwort *Strategie*) genannt, sollen, unabhängig von der Wahrheit der vertretenen Position, erfolgreich sein.

Schopenhauer entwirft damit eine Kunst, von anderen Recht zu bekommen oder es gegen Angriffe anderer zu behalten.

Das liegt, nach Schopenhauer, im natürlichen Interesse aller Menschen.

Abb. 31: Arthur Schopenhauer

Für uns dienen sie vor allem als kommunikative Warnhinweise, welche rhetorischen Stilmittel der Gesprächspartner in kritischen Gesprächssituationen einsetzen kann, um die Meinungshoheit in der Diskussion zu erhalten.

Schauen wir uns diese „Kunstgriffe" genauer an:

---

[40] Bild Schopenhauer ca. 1818, Stadt- und Universitätsbibliothek Frankfurt am Main, Ludwig Sigismund Ruhl (1794-1887), PD-US

38 Kunstgriffe der Rhetorik
nach Arthur Schopenhauer [41]

Die Kunstgriffe der Rhetorik nach Schopenhauer können in neun verschiedene Gruppen eingeteilt werden. Der Einfachheit halber stellen wir uns eine Gesprächssituation zwischen zwei Personen oder eine Diskussionsrunde vor.

Das kann in vielen Situationen der Fall sein: Bei einem Streitgespräch, vor Gericht, bei geschäftlichen Verhandlungen, in einem Verkaufsgespräch usw.

Die „Kunstgriffe" im Überblick:

Kunstgriffe 1-3	Veränderung der Streitfrage.
Kunstgriffe 4-6	Unwidersprochene Voraussetzungen für eine Behauptung in die Diskussion einführen.
Kunstgriffe 7-11	Fragetechniken einsetzen
Kunstgriffe 12-15	Behauptung umdrehen, Vortäuschen eines Beweises.

---

[41] Nach *Eristische Dialektik oder Die Kunst Recht zu behalten* (1830/31); Edition Arthur Hübscher (1966); Haffmans Verlag, Zürich 1983

Kunstgriffe 16-22	Getroffene Behauptungen des Gegenübers untergraben.
Kunstgriffe 23-26	Gegenüber soll sich selbst widerlegen.
Kunstgriffe 27-29	Verlauf der Diskussion steuern.
Kunstgriffe 30-34	Von schwachen Argumenten durch „Nebenkriegsschauplätze" ablenken.
Kunstgriffe 35-38	Schnelle Beendigung einer Diskussion herbeiführen.

Kunstgriffe 1–3

Die ersten drei Kunstgriffe dienen der Ablehnung von Behauptungen des Gesprächspartners. Der gegnerische Gesprächspartner versucht eine *Veränderung der Streitfrage* durchzuführen, indem er von etwas anderem redet als von der Behauptung, die aufgestellt worden ist.

Als Gegenmaßnahme rät Schopenhauer, direkt abzustreiten, dass aus der gegnerischen Argumentation die Falschheit der eigenen Behauptung folgt. Wichtig ist hierbei, dass die gegnerische Behauptung nicht offen im Raum stehen bleibt, sondern zunächst ein Block gesetzt wird: „Nein, das trifft nicht zu. Denn Sie sprechen von einem anderen Sachverhalt." Und dann folgt die eigene Argumentation.

1. Erweiterung (Einzelfälle verallgemeinern)

Die Behauptung des Gegners erweitern, verallgemeinern und übertreiben. Dadurch wird die Aussage leichter angreifbar, denn allgemein oder gar für „alles" kann eine Aussage nur selten als wahr oder richtig gelten.

Taktik: Einzelfälle verallgemeinern und damit unglaubwürdig machen.

Gegenmaßnahme:

Gegen eine Erweiterung verteidigt man sich mit einem Gegenbeispiel oder der Aufzählung von Einzelpunkten, die praktisch einschränkende Bedingungen darstellen. Also weg vom Allgemeinen, hin zum Konkreten. Im Gegenzug sollten eigene Behauptungen möglichst präzise, in klar umrissenen Grenzen formuliert werden.

Beispiel:

A: „In einer freien Enzyklopädie sind *alle* willkommen." (Aussage)

B: „Du sagst also, dass (auch) Vandalen, Trolle, Werbe-Spammer und ewige Störenfriede oder lernunwillige Dilettanten hier willkommen sind?" (Verallgemeinerung)

A: „Nein, ich meinte eher, dass in der deutschen Version der freien Online-Enzyklopädie Wikipedia *alle diejenigen* willkommen sind, die guten Willens etwas dazu beitragen wollen und sich an die Grundprinzipien halten, z. B. mutig und freundlich, aber auch ehrlich zu sein." (Gegenmaßnahme)

2. Homonymie
(mehrdeutige Bezeichnungen verwenden)

Die Homonymie, also die Verwendung von mehrdeutigen Bezeichnungen, wird eingesetzt, um eine aufgestellte Behauptung auf das auszudehnen, was nur dem Wortlaut nach etwas mit der Sache zu tun hat und die Behauptung für diesen Fall zu widerlegen. Es geht also um die bewusste falsche Auslegung einer Wortbedeutung.

Die Doppeldeutigkeit oder auch Mehrdeutigkeit haben wir bereits bei der Beschäftigung mit den Argumenten betrachtet. Auch hier gilt das „Hintertürchen-Prinzip", nur anders herum. Der Gegner setzt einen doppeldeutigen Begriff ein, um das andere Argument auszuhebeln.

Dieser Kunstgriff entspricht dem klassischen Trugschluss aus verschiedenen Bedeutungen eines Worts.

Der Begriff der „Ehre" kann z.B. positiv im Sinne einer „Ehrung" oder negativ Sinne des Verlierens seiner „Ehre" verstanden werden.

Taktik: Den Sinn einer Aussage mit einer Doppeldeutigkeit umdeuten.

Gegenmaßnahme:

Falsche Deutung des vom Gegner verwendeten Begriffes sofort richtig stellen.

Beispiel:

Offizier in einer Diskussion mit einem Pazifisten auf die Frage, warum er Soldat geworden ist:

A: „Es ist mir eine Ehre, meinem Land zu dienen."
(Positive Deutung des Begriffs „Ehre)

B: „Haben Sie denn keine Ehre im Leib, dass Sie frei-
willig die Waffe in die Hand nehmen?" (Negative
Deutung des Begriffs „Ehre")

A: „Ihr Wortspiel mit dem Begriff der Ehre greift
nicht. Die Ehre, wie ich sie meine, kommt vom Herzen und aus voller Überzeugung. (Gegenmaßnahme)

3. Verabsolutieren (Behauptung als absolut nehmen)

Eine Behauptung des Gesprächspartners, die nur spezifisch
für einen bestimmten Fall aufgestellt ist, so deuten, als sei sie
allgemein gemeint, um sie dann in diesem Sinn zu widerlegen.

> **Taktik:** Spezielle Beispiele umdeuten und für alle Fälle an-
> wendbar annehmen - und damit widerlegen.

Gegenmaßnahme:

Die Verabsolutierung relativieren und das Argument auf die
Gültigkeit des speziellen Beispiels zurückführen.

Beispiel:

Diskussion um die Einführung eines generellen Tempolimits auf deutschen Autobahnen.

A: „Wir brauchen eine generelle Geschwindigkeits-
begrenzungen auf unseren Autobahnen. Wenn ich mit
100 Kilometern pro Stunde unterwegs bin, komme
ich viel ausgeruhter an und reduziere dadurch das Unfallrisiko." (Aussage)

B: „Sie behaupten, dass eine generelle Geschwindig-
keitsbegrenzung auf 100 Kilometern pro Stunde, das

Unfallrisiko auf den Autobahnen senken würde."
(Verabsolutierung)

A: „ Nein, das war ein Beispiel, dass auf mich zutrifft.
Ich könnte mir auch Tempo 120 allgemein vorstellen." (Gegenmaßnahme)

Kunstgriffe 4–6

In den Kunstgriffen 4–6 soll eine getroffene Aussage durch Voraussetzungen an die sie geknüpft ist, gestützt werden.

Sie dienen dazu, solche Voraussetzungen ohne Widerspruch in die Diskussion einzuführen. Später kann man dann immer wieder auf die unwidersprochenen Argumente zurückgreifen.

4. Umwege (verdecktes Spiel treiben)

Die Voraussetzungen oder Bedingungen für eine Behauptung werden im Gespräch unsystematisch eingestreut, damit der Gesprächspartner ihnen zustimmt, ohne die Konsequenz ahnen zu können.

Taktik: Sein Verfahren tarnen; Voraussetzungen unsystematisch einstreuen, Schlussfolgerungen einstreuen, die Behauptungen scheinbar bestätigen, bis alles zugestanden ist, dann erst die Gesamt-Schlussfolgerung ziehen.

Dieses Verfahren bezeichnet man in der Dialektik auch als *Argumente-Hopping*.

Gegenmaßnahme:

Unklarheiten in der Argumentation des Gegners sofort klarstellen und gegebenenfalls nachfragen, wie die Aussage gemeint ist, bevor man das nächste eigene Argument bringt.

Beispiel:

Gespräch zwischen Abteilungsleiter-Kollegen.
A versucht B klarzumachen, dass eine geplante Personalreduzierung nur B trifft.

A: „Die Geschäftsführung hat sich entschlossen, das Personal in der Geschäftsstelle zu reduzieren. Die meisten Abteilungsleiter haben ja zugestimmt. Nun werden die Abteilungen identifiziert, in denen gekürzt werden kann. *Sie* waren doch auch dafür?" (Unklare Richtung: Worauf will A hinaus?)

B.: „Was meinen Sie? Haben Sie nicht dafür gestimmt? (Gegenmaßnahme: Bitte um Klarstellung, bevor die eigene Meinung zum Thema geäußert wird)

Wenn A der Meinung ist, dass nur die Abteilungen Personal abgeben, die der Reduzierung allgemein zugestimmt haben, und B der Meinung ist, dass alle Abteilungen gleichmäßig belastet werden sollten, so sollte B erst erfahren, wie A die Voraussetzungen für die Maßnahmen sieht.

Damit kann er sein Argument besser aufbauen, z.B.: „Alle müssen gleichmäßig reduzieren."

5. Falsche Prämissen
(falsche Voraussetzungen einführen)

Als Sonderfall des vierten Kunstgriffes werden Voraussetzungen als Argumente für eine Behauptung verwendet, die man selbst für falsch hält, von denen man aber annimmt, dass sie der Gesprächspartner für wahr hält.

Denn eine wahre Schlussfolgerung kann auch aus falschen Voraussetzungen folgen.

Taktik: Unbekümmert auch falsche Voraussetzungen verwenden, wenn der Gesprächspartner die wahren nicht einsieht, die falschen aber akzeptiert. Denn das Wahre kann auch aus falschen Voraussetzungen folgen.

Gegenmaßnahme:

Die Voraussetzungen, unter denen eine Behauptung aufgestellt wird, auf Richtigkeit prüfen. Wenn diese nicht stimmen, so kann man die Behauptung als unwahr zurückweisen.

Ein Beispiel für eine falsche Voraussetzung mit einer wahren Schlussfolgerung, dass so sicherlich nicht vorkommt, aber für die Verdeutlichung des Prinzips geeignet ist.

Die blonde Stephanie:

- Voraussetzung: „Alle Frauen sind blond"
  (falsche Voraussetzung),
- „Stephanie ist eine Frau" (richtige Voraussetzung),
- Schlussfolgerung: „Stephanie ist blond" (wahre Schlussfolgerung aus einem falschen Argument).

Das Ergebnis stimmt zwar, wenn Stephanie wirklich blond ist, die Erkenntnis beruht aber auf einer falschen Schlussfolgerung, da die Voraussetzungen nicht stimmen.

Denn Frauen sind bekanntlich nicht alle blond.

6. Versteckte Prämissen
(versteckte Voraussetzungen einführen)

Man führt eine verstecke Voraussetzung in die Diskussion ein, indem man die zu beweisende Behauptung bereits unter die Voraussetzungen aufnimmt.

Taktik: Versteckte Behauptung machen, indem man das, was man zu beweisen hätte, bewusst anders bezeichnet.

Bewertungen können durch geschickte Wahl des Ausdrucks vorweggenommen werden.

Beispiel:

> Statt „Lobbyist" (negativ), sagt man „Verbandsvertreter" (neutral), wenn man eine negative Wertung vermeiden möchte.

> Wenn man etwas negativ ausdrücken möchte, sagt man statt „Mitarbeiter" (neutral), eher „Humankapital" (negativ).

Die versteckte Behauptung im letzten Beispiel liegt in der negativen Nutzung des Begriffs „Mitarbeiter" durch den Begriff „Humankapital".

Durch die Verwendung dieses Begriffs werden Mitarbeiter „entmenschlicht" und zu einer Sache degradiert. In diesem Fall will der Gegner, der diesen Begriff verwendet suggerieren, dass sein Gesprächspartner - ein Unternehmer - ein Ausbeuter seiner Mitarbeiter ist.

Das ist eine versteckte Behauptung durch die entsprechende Wortwahl.

Gegenmaßnahme:

Deutlicher Hinweis auf fehlende Neutralität des vom Gegner verwendeten Begriffes, ggf. mit einem Alternativbegriff „neutralisieren".

Kunstgriffe 7–11

In den Kunstgriffen 7–11 soll der Gegner durch geschickte Fragen dazu gebracht werden, etwas zuzugeben oder aber seine Glaubwürdigkeit zu verlieren. So benutzt der, der eine These aufgestellt hat und sie beweisen soll, die Fragetechnik, um aus den Zugeständnissen des Gegners auf die Wahrheit der Behauptung zu schließen. Diese durch ein Frage- und Antwortspiel gekennzeichnete Methode war schon in der Antike im Gebrauch.

Sie wird auf den griechischen Philosophen Sokrates (469 v. Chr. – 399 v. Chr.) zurückgeführt und heißt daher auch sokratische Methode. Diese Fragetechniken werden auch bei Vernehmungen eingesetzt.

7. Mehr zugestehen lassen, als nötig
(viel auf einmal fragen)

Es wird viel auf einmal und weitschweifig erfragt, um das, was man eigentlich zugestanden haben will, zu verbergen. Die Argumentation, die sich aus dem bereits Zugestandenen ergibt, wird dann schnell vorgetragen.

Schopenhauer:

„Denn die, die langsam von Verständnis sind, können nicht genau folgen und übersehen die etwaigen Fehler oder Lücken in der Beweisführung."

Taktik: Viel auf einmal fragen.

Beispiel Fragenfächer oder Kettenfragen:

„Sie haben gerade ausgeführt, dass der Wohnungsbestand in den Innenstädten nicht gut zu verkaufen ist. Da stellt sich doch die Frage, ob sie nicht erst renoviert und räumlich umgestaltet werden sollten? Und wenn man dann bedenkt, dass besonders die Wohlbetuchten ein besonderes Ambiente suchen, sollte man dann nicht überlegen, gleich einen neuen Wohntrend zu kreieren? Müssen die Preise nicht frühzeitig angepasst werden? Was machen Sie mit den jetzigen Mietern?"[42]

Durch dieses Fragenbombardement soll der Gesprächspartner verwirrt werden. Die Fragen laufen alle darauf hinaus, dass der Gesprächspartner zugibt, dass Altbaumietwohnungen durch Renovierung zu teuren Eigentumswohnungen umgewandelt und die jetzigen Mieter vor die Tür gesetzt werden sollen.

Gegenmaßnahme:

Ruhig bleiben, sich nicht verwirren lassen und nur eine Frage beantworten.

---

[42] Nach wikis.hawk-hhg.de, Interview, 2013, s. a. Kapitel 5 „Das (schwierige) Gespräch" und Kapitel 6 „Gespräche steuern".

8. Durch Fragen provozieren
(den Gegner zum Zorn reizen)

Der Gesprächspartner wird durch unverschämte Fragen zum Zorn gereizt, damit er emotionalisiert wird und nicht mehr richtig urteilen kann. Man macht ihn wütend, indem man ihm klar erkennbar Unrecht tut, ihn schikaniert und überhaupt unverschämt ist.

Taktik: Mit Fragen provozieren.

Gegenmaßnahme:

Sich in Diskussionen nie ärgern lassen, nur überlegt äußern und im Stillen rasche Schlüsse ziehen. Im Zweifel: Gespräch abbrechen, da eine sachliche Diskussion offensichtlich nicht mehr möglich ist.

Beispiel:

A: „Sind Sie sicher, dass Sie sich ein Urteil über die Entwicklung am Markt erlauben können? Wie lange sind Sie eigentlich im Unternehmen?" (Taktik)

B: „Sie fragen nach der Tragfähigkeit der Marktanalysen. Ich kann Sie da beruhigen. Was die Methode angeht …" (Gegenmaßnahme)

Bei Polizeiverhören als „good-cop-bad-cop-Verfahren", vor allem filmisch, sehr beliebt.

Merke: Denke schnell, rede langsam, zürne nie.

9. Zugeständnis durch Umwege
(durch kunterbunte Fragen verwirren)

Fragen nicht in der Reihenfolge stellen, die die logische Ordnung und der daraus zu ziehende Schluss erfordert, sondern wild durcheinander. Dann kann man die Antworten, je nachdem wie sie ausfallen, zu verschiedenen, sogar entgegengesetzten Schlüssen benutzen (ähnlich wie Kunstgriff 4).

Taktik: Fragen nicht in der richtigen und logischen Reihenfolge, sondern kunterbunt stellen und damit durch Redeschwall den Gegner verwirren (hängt allerdings von der Qualität des Gegners ab).

Gegenmaßnahme:

Bringen Sie Ordnung in das vom Gegner Gesagte: Widerholen Sie seine Argumente in einer logisch aufbauenden Struktur, damit deutlich wird, wo eventuell die „Sollbruchstelle" in der Argumentation liegt.

Beispiel:

> „Ich wiederhole einmal, Herr Meier: Erstens, Sie treten für … ein. Habe ich Sie da richtig verstanden? Zweitens wollen Sie dafür … erreichen. Dazu benötigen Sie drittens …", usw. (Gegenmaßnahme)

Wichtig hierbei ist, die vom Gegner bewusst herbeigeführte „Unruhe" in der Argumentationskette zu durchbrechen und eine logische Reihenfolge aufzuzeigen. Nur so finden Sie ein unlogisch eingestreutes Argument heraus.

10. Zugeständnis aus Trotz
(das Gegenteil der eigentlichen Behauptung fragen)

Wenn man merkt, dass der Gegner die Fragen, deren Zustimmung für die eigene Argumentation nützlich wäre, absichtlich ablehnt, so muss man nach dem Gegenteil erfragen oder beides zur Auswahl geben.

Der Gegner merkt dann nicht, welcher Aussage man zugestimmt haben will und verwirrt ihn damit.

Taktik: Tarnen, welchem Argument man zugestimmt haben will, zum Beispiel indem man suggeriert, man wolle etwas anderes bejaht haben.

Beispiel:

Gegner des Tempolimits auf deutschen Autobahnen fragt den Befürworter:

A: „Was sind denn *die Nachteile* des von Ihnen geforderten Tempolimits auf deutschen Autobahnen?" (Taktik)

Statt nach den *vom Befürworter* des Tempolimits eingebrachten Argumenten zu fragen, stellt der Gegner eine gegenteilige Frage. Das verunsichert den Befürworter, da er nicht genau weiß, worauf der Gegner hinaus will.

Gegenmaßnahme:

Sich bei Zweifel über die Zielrichtung der Frage, den Grund zur Frage vom Gesprächspartner nennen lassen.

> B: „Warum fragen Sie nach den Nachteilen des Tempolimits? Ich kann Ihnen gerne die Vorteile nennen."
> (Gegenmaßnahme)

Statt auf die Frage von A zu antworten, löst B den Trick durch seine Nachfrage auf.

11. Induktion aus Zugeständnissen
(Schlussfolgerung einfach als gegeben voraussetzen)

Wurden bestimmte Einzelfälle einer allgemeinen Aussage vom Gegner bereits zugestanden, so zieht man selbst die Schlussfolgerung auf die allgemeine Behauptung.

Taktik: Wenn der Gegner Einzelfälle zugesteht: nicht ausdrücklich nachfragen, ob er damit auch den Schluss daraus zugibt, sondern so tun, als sei der Schluss damit zugegeben.

Beispiel:

> „Sie hatten ja schon bestätigt, dass Ihr Unternehmen in diesem Fall nicht fehlerfrei gearbeitet hat. Wie wollen Sie denn zukünftig Ihre schlampige Arbeitsweise Ihren Kunden erklären?"

In diesem Beispiel wird vom Fragesteller, die Schlussfolgerung, dass das Unternehmen auch zukünftig schlampig arbeitet, einfach angenommen.

Gegenmaßnahme:

Feststellen, dass es sich bei dem beschriebenen Fall um einen Einzelfall handelt und keineswegs Allgemeingültigkeit hat.

Kunstgriffe 12–15

Die folgenden Kunstgriffe haben ebenfalls das Ziel, den Gegner zu bestimmten Zugeständnissen zu bringen: Die beiden ersten versuchen Behauptungen des Gegners umzudrehen, während die Kunstgriffe 14 und 15 *vortäuschen*, es wäre ein Beweis geführt worden.

12. Benennungen gehässig umkehren

Begriffe gleichen Inhalts können positiv oder negativ ausgedrückt werden. Je nachdem, wie man argumentieren will.

Nach Schopenhauer wird dieser Kunstgriff besonders häufig und fast schon automatisch verwendet. Geschickt angewandt, handelt es sich dabei um einen Sonderfall der heimlichen Voraussetzung (Kunstgriff 6):

Was man erst beweisen will, legt man bereits im Voraus in die „Benennung"; z.B. kann eine bewaffnete Gruppe mit politischen Zielen legitimiert oder de-legitimiert werden, wenn man sie als „Freiheitskämpfer" oder aber als „Revolutionäre" oder „Terroristen" bezeichnet.

> **Taktik:** Andere Etikettierungen verwenden, die die Benennung (oft gehässig) umkehren und die schon das suggerieren, was erst bewiesen werden soll.

Beispiel:
> In Gewahrsam bringen = Einsperren.
> Glaubenseifer = Fanatismus.
> Fehltritt oder Seitensprung = Ehebruch.
> Finanzengpass = Bankrott.

Ein Redner verrät oft schon im Voraus seine Absicht durch die Bezeichnung, die er einer Sache gibt. Unter allen Kunstgriffen wird dieser am häufigsten gebraucht, schon rein aus menschlichem Instinkt.

Gegenmaßnahme:

Auf die eigene Benennung freundlich hinweisen:

„Ich bevorzuge die Bezeichnung ....“

13. Kleineres Übel (Gegenteil überzogen darstellen)

Um zu erreichen, dass der Gegner eine Behauptung akzeptiert, muss man das Gegenteil *dazu* geben und ihm die Wahl lassen. Dieses Gegenteil recht grell ausmalen, so dass er, um nicht widersprüchlich zu sein, auf die eigene Behauptung eingehen muss, die ganz annehmbar dagegen aussieht.

Taktik: Das Gegenteil recht grell und überzogen darstellen, um den Gegner zu zwingen, auf die eigene Behauptung einzugehen.

Beispiel:

Entweder Steuererhöhung (Argument) oder Staatsverschuldung und damit die Abwälzung der Folgen unseres Wohllebens und des überbordenden Sozialstaates auf spätere Generationen (Gegenteil übertrieben dargestellt).

Alle Dinge sind relativ. Es ist etwa so, als wenn man Grau neben Schwarz legt: Das Grau erscheint gegenüber dem

Schwarz eher weiß. Und umgekehrt. Wenn man das Grau neben Weiß legt, so wirkt das Grau eher schwarz.

Die Dinge sind eben nicht nur Schwarz oder nur Weiß. Es gibt immer eine positive und eine negative Seite. Die Frage ist immer nur, welche Seite überwiegt.

Gegenmaßnahme:

Auf die Übertreibung des Gegenteils hinweisen.

14. Recht behaupten (triumphierend aufschreien)

Nach mehreren Antworten des Gegners wird eine Behauptung triumphierend als Schlussfolgerung aus diesen Antworten präsentiert, auch wenn sie nicht wirklich aus ihnen folgt.

> *Schopenhauer: „Wenn der Gegner schüchtern oder dumm ist, und man selbst über große Unverschämtheit und eine gute Stimme verfügt, so kann das recht gut gelingen.“*

Taktik: Triumphierend aufschreien, als ob der Schluss bewiesen wäre, selbst wenn er nicht bewiesen wurde.

Gegenmaßnahme:

Sich nicht einschüchtern lassen und auf seinem eigenen Argument weiterhin bestehen. Ruhe bewahren.

Beispiel:

> A: „Da haben wir es! Sie sagen es ja selbst: ...(Es folgt eine Wiederholung von Argumenten des Gegners mit einem eigenen Schluss.)

B: „Nicht so schnell, Herr Meyer. Mein Argument bezieht sich auf ...(Gegenmaßnahme)

15. Finte
(nicht ganz nachvollziehbare Behauptung aufstellen)

Zunächst eine Behauptung aufstellen, die nicht auf Zugeständnis rechnen kann. Um Zustimmung zu erlangen, wird eine andere Behauptung aufgestellt, die zwar wahr, aber nicht unmittelbar nachvollziehbar ist. Dann wird behauptet, die zweite Behauptung würde die erste belegen. Wenn der Gegner die zweite Behauptung nicht zugesteht, wird sie bewiesen und behauptet, dass damit auch die erste bewiesen ist. Gesteht er sie doch zu, so wird ebenfalls behauptet, dass damit die erste Behauptung bewiesen ist.

Taktik: Eine schwache Behauptung mit einer zweiten, besser zu beweisenden, Behauptung stützen und anschließend die erste Behauptung als damit erwiesen feststellen.

Gegenmaßnahme:

Auf die Beweisführung zur ersten Behauptung bestehen und dann den inneren Zusammenhang zur zweiten Behauptung anzweifeln.

Beispiel:

Unternehmer zu Betriebsrat: „Wir müssen Personal entlassen." (1. Behauptung)

Betriebsrat: „Nein"

Unternehmer: „Wir machen zur Zeit Verluste, das wissen Sie doch auch!" (2. Behauptung)

Betriebsrat: „Ja"

Unternehmer: „Sehen Sie - damit ist doch klar, dass wir Personal einsparen müssen!" (Schlussfolgerung)

Betriebsrat: „Damit ist noch nicht gesagt, dass Personal entlassen werden muss. Es gibt noch andere Möglichkeiten der Kosteneinsparung." (Gegenmaßnahme)

Kunstgriffe 16–22

Die folgenden Kunstgriffe sind defensiv, da sie Behauptungen des Gegners untergraben und so vermieden wird, dass bestimmte Zugeständnisse, auf die er es anlegt, gemacht werden müssen. Der 20. Kunstgriff fällt dabei aus der Reihe.

16. Widerspruch zu früheren Aussagen

Ausgehend von früheren Behauptungen des Gegners wird gezeigt, dass eine gegenwärtige Behauptung des Gegners im Widerspruch zu einer früheren Aussage oder einer Quelle steht, die er zuvor anerkannt hat. Der Gegner muss nun seine Behauptung widerrufen.

Taktik: Prüfen, ob die Behauptung des Gegners mit etwas im Widerspruch steht, was er früher gesagt oder anerkannt hat.

Gegenmaßnahme:

Auf die sich veränderten Umstände oder neuen Erkenntnisgewinn hinweisen. Menschen verändern sich nun einmal. Im Laufe des Lebens tun wir Dinge, die früheren Verhaltensweisen widersprechen. Diese Einsicht ist der beste Schutz, wenn uns in Gesprächen Widersprüchlichkeit vorgeworfen wird.

Beispiel:

> A: „Aber, vor einigen Wochen haben Sie noch gesagt, dass ..." (Taktik)
>
> B: „Die Verhältnisse haben sich verändert. Vor einigen Wochen, war mir noch nicht bekannt, dass ..." (Gegenmaßnahme)

17. Spitzfindigkeit (feine Unterscheidung treffen)

Bei Anführung eines Gegenbeweises durch den Gegner, auf eine feine Unterscheidung hinweisen, sobald die Sachlage irgendeine doppelte Bedeutung oder einen doppelten Fall zulässt.

Taktik: Beim Gegenbeweis durch den Gegner, auf eine Mehrfachdeutung hinweisen.

Gegenmaßnahme:

Die doppelte Deutung zurückweisen und auf dem eigenen Beweis beharren.

Beispiel:

> A: „Du hast doch letztens behauptet, dass die Bundeswehr innerhalb der nächsten 12 Monate sich aus Afghanistan *zurückzieht*. Nun steht in der Presse, dass

das noch mindestens achtzehn Monate dauern wird."
(Aussage)

B: „Nein, das stimmt nicht."

A: „Wir haben doch darüber gesprochen."

B. „Ich habe gesagt, dass die Bundeswehr innerhalb
der nächsten zwölf Monate *zurückverlegen* wird."

A: „Nun gut, Rückzug oder Rückverlegung - wo ist
da der Unterschied?"

B: „Einen Rückzug unternimmt eine Truppe, wenn
sie geschlagen ist. Und so sieht sich die Bundeswehr
nicht. Sie spricht von "Rückverlegung". Das bedeutet
geordnet und geplant das Land verlassen. Im Gegensatz zum Rückzug einer Truppe der eher chaotisch
und ungeordnet anmuten kann." (Taktik)

A: „Nun gut, sprechen wir von Rückverlegung. Sag-
test Du nicht dass ... (Gegenmaßnahme).

Für die beiden Gesprächspartner hat sich, durch die Diskussion über die feine Unterscheidung des verwendeten Begriffes, zunächst das Thema verschoben. Der Begriff „Rückzug"
hat für A eine andere Bedeutung als für B. Das nimmt B zum
Anlass über den Begriff zu diskutieren, statt über das Thema.

18. Diskussion wegführen

Den Gegner seine Argumentation, mit der er voraussichtlich
recht bekommen wird, nicht zu Ende führen lassen, sondern
frühzeitig die Diskussion unterbrechen, abspringen oder ablenken und auf andere Themen übergehen.

Taktik: Bei argumentativer Oberhand des Gegners - die Diskussion unterbrechen, abspringen, ablenken, auf andere Themen führen.

Gegenmaßnahme:

Beim ursprünglichen Thema bleiben und sich nicht „entführen" lassen. Das neue Thema zunächst zurückstellen oder als nicht relevant zurückweisen.

Beispiel:

> *Sie* misstrauisch zu *ihm*: „Beim Waschen Deines Hemdes ist mir ein fremder Geruch aufgefallen - benutzt Du jetzt ein Parfüm?" (Aussage)

> *Er* gibt sich ahnungslos: „Was meinst Du? Ich benutze doch keinen Duft. Das weißt Du doch."

> *Sie:* „Das ist ja das seltsame. Ich kenne diesen Geruch nicht."

> *Er:* „Hm, es sollte eigentlich eine Überraschung werden ... Hast Du nicht bald Geburtstag? Aber mehr sage ich dazu nicht... Wann wollten wir eigentlich zu Deinen Eltern fahren? Sollten wir nicht langsam losfahren? (Taktik)

> *Sie:* „Da sprechen wir gleich drüber... Warst Du in einer Parfümerie und hast Düfte für meinen Geburtstag ausprobiert? (Gegenmaßnahme, nun kommt die Sekunde der Wahrheit: Freundin zugeben oder lügen?)

In diesem Beispiel versucht der Ehemann vom fremden Duft an seinem Hemd und dem Verdacht auf eine heimliche Freundin mit dem Themenwechsel abzulenken. Wenn der Gesprächspartner das durchschaut, so lässt er sich nicht in die Irre führen.

19. Argumente ins Allgemeine bringen

Fordert der Gegner ausdrücklich auf, Beispiele zu einer Behauptung zu bringen, es aber nichts Passendes vorhanden ist, muss die Sache mehr ins Allgemeine gerückt werden.

> **Taktik:** Man beginnt in einem solchen Notfall vom Allgemeinen zu sprechen.

Gegenmaßnahme:

Weiterhin konkrete Beispiele fordern und sich nicht mit dem Allgemeinen zufrieden geben.

Beispiel:

A: „Sie haben gesagt, dass ich von dem neuen Tarif, wenn ich ihn abschließe, begeistert sein werde. Worin liegt das Neue?" (Aussage)

B: „Alle Kunden, die den neuen Tarif nutzen, sind von den dazugekommenen Leistungen begeistert. Daher werden auch Sie merken, dass der Wechsel sich lohnt." (Taktik)

A: „Das mag ja sein, dennoch hätte ich gern gewusst, wo konkret die Vorteile des neuen Tarifs liegen." (Gegenmaßnahme)

20. Beweise erschleichen (den Schluss selber ziehen)

Hat der Gegner die Voraussetzungen einer Schlussfolgerung zugestanden, so zieht man selbst die Schlussfolgerung, wobei fehlende Voraussetzungen stillschweigend ergänzt werden, ohne dem Gegner Gelegenheit zur Stellungnahme zu geben.

Taktik: Die Schlussfolgerung aus den Ausführungen des Gegners ziehen, ohne ihm Gelegenheit zu geben, dies selbst zu tun.

Gegenmaßnahme:

Die Schlussfolgerung des Gegners anzweifeln und die eigene Schlussfolgerung dagegen setzen.

Beispiel:

A: „Die Staatsverschuldung wird uns nicht an den Abgrund unseres Wirtschaftssystems bringen." (Aussage)

B: „Sie halten also die Staatsverschuldung für beherrschbar?" (Taktik, eigener Schluss)

A: „Wenn wir die geeignete fiskalische Vorsorge treffen können, ist das kein Problem." (Gegenmaßnahme, alternativer Schluss)

Hier versucht A aus den Äußerungen von B eine Schlussfolgerung vorwegzunehmen. B hält aber dagegen und zieht einen eigenen Schluss.

21. Scheinargumente spiegeln

Verwendet der Gegner ein bloß scheinbares Argument (Scheinargument = Argument ohne logischen Aufbau), so wird nicht der Trick aufgeklärt, sondern stattdessen mit einem Gegenargument der gleichen Art entlarvt. So wird eine lange Sachdebatte vermieden.

Taktik: Mit gleicher Waffe heimzahlen.

Beispiel:

Der Chef bringt die sauber sortierten Akten nach der Bearbeitung immer durcheinander. Die Sekretärin beschwert sich und fordert, dass die Unterlagen so sortiert zurückgelassen werden, wie sie vorher waren.

Chef: „Ich möchte Ihnen die Arbeit nicht wegnehmen." (Scheinargument 1: „Ich habe keine Lust, die Akten wieder zu sortieren")

Sekretärin: „Ich möchte die Ordnung und Übersicht in unserer Ablage behalten." (Taktik, Scheinargument 2: „Und ich habe keine Lust immer Ihre Unordnung zu beseitigen!")

Gegenmaßnahme:

Keine eigenen Scheinargumente benutzen, denn diese können zurückgegeben werden.

22. Das gegnerische Argument als „Begründung bereits erbracht" ausgeben

Fordert der Gegner Zustimmung zu einem Argument, welches absehbar das strittige Problem zu seinen Gunsten löst, so wird das Argument mit Verweis auf bereits dargestellte Argumente zurückgewiesen (meint: Die Begründung ist völlig ausreichend). So entzieht man ihm sein bestes Argument.

> **Taktik:** Begründung als nicht erforderlich ausgeben und somit „überflüssig" machen.

Gegenmaßnahme:

Noch einmal deutlich auf den eigenen Standpunkt hinweisen und sich nicht abspeisen lassen.

Beispiel:

> A: „Das hatten wir doch schon - und ich sage Ihnen noch einmal …"(Taktik)

> B: „Das stimmt nicht ganz. Ich wiederhole… (Gegenmaßnahme)

Kunstgriffe 23–26

Die Kunstgriffe 23–26 sollen den Gegner dazu bringen, sich selbst zu widerlegen.

23. Übertreibung provozieren

Widerspruch und Streit reizen zur Übertreibung der Behauptung. Den Gegner durch Widerspruch dazu bringen, eine an sich wahre Behauptung, über die Wahrheit hinaus, zu übertreiben. Nach Widerlegung der Übertreibung sieht es so aus, als wäre auch seine ursprüngliche Behauptung widerlegt.

Taktik: Den Gegner durch Widerspruch und Streit zur Übertreibung reizen und dann die Übertreibung widerlegen.

Beispiel:

A: „Ich hörte, dass Ihre Leute unzufrieden mit den Arbeitsbedingungen sind." (Taktik, Provokation)

B: „In unserem Unternehmen haben wir nur zufriedene Mitarbeiter." (Übertriebene Reaktion)

A: „Ist das nicht etwas übertrieben? Ich weiß von einigen Angestellten, die mit der Arbeitszeitregelung nicht klar kommen. Insofern kann von der Zufriedenheit aller Mitarbeiter ja wohl kaum die Rede sein" (Taktik, unglaubwürdig machen, Behauptung widerlegen)

Gegenmaßnahme:

Keine Übertreibungen einsetzten. Will uns der Gegner zur Übertreibung reizen, dann sagen wir: „*Ich habe mich zu diesem Punkt klar geäußert.*"

Starke Übertreibungen machen unglaubwürdig.

24. Durch Konsequenzen widerlegen

Man erzwingt aus der Aussage des Gegners durch falsche Folgerungen und Verdrehung der Begriffe Aussagen, die nicht darin enthalten sind und nicht die Meinung des Gegners darstellen, sondern vielmehr absurd oder gefährlich sind.

Taktik: Durch falsche Folgerungen und Verdrehung der Aussagen Schlussfolgerungen erzwingen, die nicht die Meinung des Gegners sind: verfängliche Konsequenzen erzwingen.

Beispiel:

> In Irland wurde bei der Diskussion über die neue europäische Verfassung von deren Gegnern behauptet, die Souveränität Irlands würde damit weitgehend ausgehebelt. Die Volksabstimmung scheiterte vor allem aus diesem Grunde. (Taktik)

Gegenmaßnahme:

Diskussion versachlichen und aufgezeigte Folgen relativieren.

25. Widerlegung durch Gegenbeispiel

Eine allgemeine Behauptung wird durch ein einziges Gegenbeispiel widerlegt und seine Negation bewiesen.

Taktik: Gegenbeispiel anführen.

Beispiel:

> A: „Alle Wiederkäuer sind gehörnt" (Aussage)

> B.: „Das trifft nicht zu, denn Kamele sind zwar Wiederkäuer, aber nicht gehörnt." (Taktik)

Gegenmaßnahme:

Wendet der Gegner dieses Beweisverfahren an, so können folgende Abwehren geprüft werden:

- Ist das Gegenbeispiel wahr bzw. real? Und passt das auf die Behauptung?

- Ist das Gegenbeispiel tatsächlich ein Beispiel zu der in Frage stehenden Behauptung?

- Widerspricht das Gegenbeispiel wirklich der Behauptung?

26. Retorsion
(Spieß umdrehen zu einem Gerade-Weil-Argument)

Ein Argument oder eine Stützbehauptung, die der Gegner für seinen Standpunkt einsetzen will, wird für ein Gegenargument verwendet (Retorsion).

Taktik: Den Spieß umdrehen, in dem das gegnerische Argument für die eigene Behauptung aufgegriffen wird.

Beispiel:
> Der Gegner fordert, ein Kind nach einer Fehltat weniger streng zu beurteilen, da es noch ein Kind ist. (Aussage)
> Das Argument kann auch umgedreht werden: „Gerade weil es um ein Kind geht, sollten wir strenger sein, damit es die moralischen Regeln lernt und keine bösen Angewohnheiten annimmt." (Taktik)

Gegenmaßnahme:

Sein eigenes Argument mit einem anderen Beispiel widerholen und verstärken.

Kunstgriffe 27–29

Taktische Kunstgriffe, die nicht so sehr einzelne Behauptungen betreffen, sondern den Verlauf einer Diskussion.

27. Provokation ausbauen

Argumente und Behauptungen, die den Gegner sichtbar provozieren, werden weiter verfolgt und ausgebaut. So wird zunächst die Provokation (8. Kunstgriff) wiederholt – das macht den Gegner noch unsicherer. Eine heftige Reaktion ist aber auch als Signal dafür zu sehen, dass man einen Punkt berührt hat, in dem der Gegner seine Argumentation bedroht sieht und ihn deshalb noch unruhiger macht.

Taktik: Weiter provozieren.

Beispiel:

A: „Sie tun nur so, als hätten Sie Ahnung! Auch wenn es Ihnen nicht passt – Sie haben Unrecht mit Ihrer Behauptung. Das können Sie nicht belegen. Geben Sie mir Beispiele!" (Provokation)

B: „Das ist eine Frechheit! Das können Sie mit mir nicht machen. Ich hatte gerade versucht darzustellen, dass ..." (fühlt sich angegriffen und wird unruhig)

A: „Es ist nur bei dem Versuch geblieben. Offensichtlich stecken Sie nicht in der Materie!" (Taktik, Ausweitung der Provokation)

Gegenmaßnahme:

Auch wenn es mitunter schwerfällt: Sich nicht provozieren lassen. Keep cool!

28. Unsachkundige Argumente vorbringen

Dieser Kunstgriff ist hauptsächlich dann anwendbar, wenn Fachleute vor Zuhörern streiten, die Laien sind, z.B. bei einer Podiumsdiskussion zu einem Fachthema. Da das Publikum schlechter informiert ist, als der Gegner, können ungültige Gegenargumente gebraucht werden, solange sie dem Publikum plausibel sein können. Will der Gegner die Ungültigkeit aufzeigen, muss er zunächst das Publikum belehren.

Ein ungültiger Einwurf, dessen Ungültigkeit aber nur der Sachkundige einsieht, die Hörer jedoch nicht, wird so in ihren Augen das Sachargument schlagen. Besonders wirksam ist das Verfahren, wenn der Einwurf die Behauptung des Gegners lächerlich macht.

Taktik: Unsachkundige Argumente nur im Blick auf die Zuschauer vorbringen. Der Zuschauer kann den Wahrheitsgehalt nicht überprüfen.

Beispiel:
> „Wie allgemein bekannt ist, ... (Es folgt das ungültige Argument). Das dürfte auch Ihnen nicht entgangen sein." (Taktik)

Wenn der Gegner widerspricht, muss er zunächst das Publikum davon überzeugen, dass die Allgemeinheit, also auch das Publikum, Unrecht hat.

Gegenmaßnahme:

Das ungültige Argument beim Namen nennen und es als Nonsens und ggf. als Populismus zurückweisen.

29. Vom Thema ablenken

Hat der Gegner eine zielführende Argumentation begonnen, gegen die sonst nichts hilft, wird ein Ablenkungsmanöver (von Schopenhauer Diversion genannt) gestartet, indem der Gegner von einer neuen, unerwarteten Seite angegriffen wird.

Entweder wird dabei vorsichtig ein anderer Aspekt des Themas oder eine dreiste Behauptung in den Vordergrund der Diskussion gerückt.

Diesen Kunstgriff hält Schopenhauer für weit verbreitet und versteht es daher als Teil der menschlichen Naturbegabung zur Streitführung.

Taktik: Merkt man, dass man geschlagen wird, so macht man eine Diversion; d. h. man fängt mit einem Mal von etwas ganz anderem an und tut so, als gehöre es zur Sache und sei ein Argument gegen den Gegner.

Beispiel:
> Unverschämt ist die Ablenkung, wenn sie den fraglichen Sachverhalt ganz und gar verlässt und etwa anhebt:
> „Ja, und so behaupteten Sie neulich ebenfalls ..."

Es folgt ein Beispiel, dass mit dem aktuellen Thema nichts zu tun hat, aber geeignet ist, den Gegner schlecht zu machen und wird damit gewissermaßen zu einem persönlichen Angriff.

Gegenmaßnahme:

Auf das bisherige Thema zurückführen, eventuell verbunden mit dem Hinweis:

> „Lassen Sie uns nicht vom Thema abschweifen. Mir ist wichtig ...“

Kunstgriffe 30–34

Diese Kunstgriffe dienen vor allem dazu, von eigenen schwachen Argumenten, auf sogenannte „Nebenkriegsschauplätze“ abzulenken. Dazu zählen: der Verweis auf Autoritäten, das Äußern von Unverständnis, das gegnerische Argument in eine verdächtige Ecke stellen oder schlicht seine Anwendbarkeit leugnen.

30. Berufung auf Autoritäten
(Autoritäten statt Gründe angeben)

Anstatt der Sachgründe, werden Positionen von Experten angeführt, die der Gegner wegen ihrer Autorität nicht anzuzweifeln wagt. Dafür ist es irrelevant, ob die Behauptung der Autorität in einem anderen Zusammenhang getroffen wurde, dem Gegner unverständlich bleiben muss oder bloß selbst erfunden wurde.

Wichtig ist, dass der Gegner sich selbst für weniger kompetent als die Autorität hält und sich mit ihr nicht gut genug auskennt, um ein fiktives oder umgedeutetes Zitat als solches zu erkennen. Der Experte kann in bestimmten Zusammenhängen auch durch die öffentliche Meinung, populäre Irrtümer und Vorurteile vertreten werden; solange der Gegner nicht über die Mittel zu ihrer Aufklärung verfügt, wird er davor zurückscheuen, ihnen zu widersprechen.

Taktik: Ein an die Ehrfurcht gerichtetes Argument. Statt der Gründe bezieht man sich auf Autoritäten.

Beispiel:

„Das stimmt nicht. Auch das Bundesverfassungsgericht hat in seinem letzten Urteil festgestellt, dass …"

Der Bezug zum Bundesverfassungsgericht *muss nicht hundertprozentig stimmen*, so lange der Gegner nicht die Möglichkeit oder Kenntnis hat, diese moralische Instanz anzuzweifeln.

Gegenmaßnahme:

Beharren auf einer persönlichen Argumentation, etwa: „Das mag zwar stimmen, aber wie stehen Sie persönlich zu dieser Angelegenheit? Mich interessiert Ihre Meinung."

31. Unverständnis äußern, Unverständlichkeit behaupten (sich mit feiner Ironie für inkompetent erklären)

Man gibt vor, dass man die Argumente des Gegners nicht versteht. Es handelt sich also um einen Sonderfall der Berufung auf eine Autorität (nämlich auf die eigene, Kunstgriff 30).

Taktik: Wo man gegen die dargelegten Gründe des Gegners nichts vorzubringen weiß, erklärt man sich selbst mit feiner Ironie für inkompetent.

Beispiel:

> „Das habe ich nicht verstanden. Können Sie mir das näher erläutern?"

Man darf diesen Kunstgriff nur da gebrauchen, wo man sicher ist, bei den Zuhörern in entschieden höherem Ansehen zu stehen als der Gegner: z.B. ein Professor gegenüber einem Studenten.

Gegenmaßnahme:

Auf die hohe Autorität und das Fachverständnis des Gegenübers verweisen, verbunden mit dem Hinweis der eigenen unklaren Ausdrucksweise.

> „Erlauben Sie, bei Ihrer großen Erfahrung muss es Ihnen leicht fallen, es zu verstehen. Da habe ich mich wohl unklar ausgedrückt."

32. Widerlegung durch Zurückweisung
(Gegenargument verdächtig machen)

Eine Behauptung des Gegners unter eine verdächtige Kategorie bringen und damit zweifelhaft machen. Dazu muss sie auch nur Ähnlichkeit mit ihr haben.

Taktik: Einordung des gegnerischen Argumentes unter eine verdächtige Kategorie.

Beispiel:

> „Das ist Idealismus; das ist Naturalismus; das ist Atheismus; das ist Rationalismus; das ist Spiritualismus; das ist Mystizismus; das ist Esoterik"; usw.

Gegenmaßnahme:

Abstreiten des Zusammenhangs mit der angebrachten Kategorie. Etwa:

> „Das ist Unsinn. Das hat nichts mit Esoterik zu tun. Vielmehr ...“

33. Anwendbarkeit leugnen

Nahe der Maxime: „Das mag in der Theorie richtig sein, in der Praxis ist es jedoch nicht durchführbar.“, werden die Gründe einer Behauptung anerkannt, ihre Folgen jedoch unter Verweis auf nicht spezifizierbare Zusatzbedingungen der Praxis zurückgewiesen.

Taktik: Anwendbarkeit einer Theorie leugnen.

Beispiel:
> Vor der Einführung der Eisenbahn gegen Mitte des 19. Jahrhunderts wurde dagegen argumentiert, der Mensch könne die mit ihr praktisch mögliche Geschwindigkeit (ca. 40 - 80 km/h) gar nicht überleben.

Gegenmaßnahme:

Hinweis auf die logische praktische Folge einer korrekten Theorie. Wenn die Theorie richtig ist, was der Gegner ja eingeräumt hat, muss es nämlich auch in der Praxis zutreffen.

34. Einkreisen
(nachhaken bei vermutlich faulen Punkten)

Ausweichendes Verhalten des Gegners wird durch Nachfragen wichtig gemacht. So wird klargestellt, wo der Gegner Probleme mit seinen eigenen Argumenten hat.

Taktik: Nicht locker lassen.

Beispiel:

> „Wie meinen Sie das? Das ist mir zu allgemein, bitte werden Sie konkret. Worin liegt der Unterschied?"

Wenn der Gegner Gegenfragen stellt, keine direkten Antworten gibt, ausweicht, dann ist das ein sicheres Zeichen dafür, einen faulen Punkt getroffen zu haben.

Der entsprechende Punkt ist also wichtig zu machen und der Gegner nicht vom Fleck zu lassen, selbst wenn man noch nicht genau weiß, worin eigentlich die Schwäche besteht, die getroffen wurde.

Gegenmaßnahme:

Offensiv mit fehlenden Fakten umgehen, z.B.:

> „Diese Zahlen liegen mir derzeit nicht vor.

> Ich reiche sie aber nach, sobald ich sie habe."

Kunstgriffe 35–38

Die Kunstgriffe 35–38 dienen der Beendigung eines Disputs.

35. *Das Argument widerspricht dem eigenen Interesse*

An Stelle von sachlichen Gründen, wird an die Motive und Interessen des Gegners und der Zuhörer appelliert. Es muss plausibel gemacht werden, dass das, was der Gegner behauptet, seinen eigenen Interessen widerspricht, um ihn dazu zu bringen, die Behauptung zu widerrufen.

Taktik: Kann man dem Gegner fühlbar machen, dass seine Meinung, wenn sie gültig wäre, seinem Interesse – oder dem Interesse seiner Organisation widerspräche, so wird er sie so schnell fallen lassen wie ein heißes Eisen, das er unvorsichtigerweise ergriffen hatte.

Beispiel:

> „Steht Ihre Forderung nicht in unmittelbarem Widerspruch zu Ihrem Parteiprogramm? Dort steht doch eindeutig, dass …" (Es folgt eine Grundsatzaussage).

Dieser Kunstgriff macht, sobald er praktikabel ist, alle übrigen überflüssig: Statt durch *Gründe auf den Intellekt,* wirkt man durch *Motive auf den Willen* ein. Der Gegner wird damit für die eigene Meinung gewonnen.

Gegenmaßnahme:

Offensichtliche eigene Widersprüche nicht verteidigen, sondern mit Hinweis auf neue Einsichten und den Wandel der Zeit erläutern. Widersprüche zur eigenen Organisation können mit unterschiedlichen Ansichten als legitimes demokratisches Verhalten erklärt werden.

36. Simuliertes Argument
(Gegner durch Wortschwall verdutzen)

Wenn der Gegner es gewohnt ist, nicht alles sofort zu verstehen, wird er mit einem simulierten Argument aus sinnlosen, aber kompliziert klingenden Phrasen überrollt. Schopenhauer nennt dazu die Maxime: „Gewöhnlich glaubt der Mensch, wenn er nur Worte hört, es müsse sich dabei doch auch was denken lassen."

Fürchtet der Gegner, unverständig zu erscheinen, so widerspricht er nicht und die Diskussion ist gewonnen.

Taktik: Den Gegner durch sinnlosen, hochgestochenen Wortschwall verdutzen, verblüffen, außer Gefecht setzen.

Für diesen Kunstgriff wird kein Beispiel benötigt. Es ist situationsabhängig, mit welchem Elan der Gegner versuchen wird, diese Taktik anzuwenden.

Gegenmaßnahme:

Sich durch den hochgestochenen Wortschwall nicht aus der Ruhe bringen lassen. Denn es ist genau das, was der Gegner beabsichtigt. Die vorgebrachten Argumente hinterfragen.

37. Behauptung mit dem Beweis widerlegen

Wenn der Gegner in der Sache Recht hat, aber einen schlechten Beweis wählt, dann widerlegt man den Beweis und gibt dies als Widerlegung der Sache aus. Schopenhauer rät, diesen Kunstgriff möglichst früh anzuwenden. Denn falls der Gegner für seine Behauptung keinen besseren Beweis liefern kann, gilt diese als widerlegt.

Taktik: Wenn der Gegner in der Sache Recht hat, aber einen schlechten Beweis wählt, dann den Beweis widerlegen und dies für die Widerlegung der Sache ausgeben.

Beispiel:

> „Ihr Argument stimmt nicht, denn in Ihrem angeführten Beispiel .... (Fehler des Beispiels in der Anwendung auf das Argument aufzeigen).

Gegenmaßnahme:

Auf einen alternativen Beweis seiner Behauptung setzen. Bringen Sie ein zweites, griffigeres Beispiel.

38. Persönlich beleidigend werden

Das gegen die Person gerichtete Argument ist ein Ausweg, wenn der Gegner zu gewinnen scheint. Es wird vom Gegenstand des Streits abgewichen und die Person des Gegners verbal angegriffen. Hier wird der Gegner selbst beleidigt, um ihn zum Nachgeben zu zwingen.

Schopenhauer warnt jedoch: „Das Problem ist hier allerdings, welche Maßnahmen dem Gegner hier zur Verfügung stehen. Denn will dieser mit gleicher Münze zurückzahlen, wird schnell eine Prügelei, ein Duell oder ein Beleidigungsprozess daraus."

> **Taktik:** Wenn man merkt, dass der Gegner überlegen ist und man Unrecht behalten wird: persönlich, beleidigend, grob werden.

Gegenmaßnahme:

Sich unberührt zeigen, auf Sachargumenten bestehen und klarstellen, dass die Beleidigung nicht Thema des Streites ist.

Beispiel:

A: „Sie sind ja von völliger Ahnungslosigkeit gekennzeichnet!"

„So, wie Sie argumentieren, kann das auch mein 12-jähriger Sohn!"

„Sind Sie überhaupt Fachmann auf Ihrem Gebiet?" (Taktik)

B: In ruhigem Ton: „Ich schlage vor, mit diesen persönlichen Angriffen aufzuhören und wieder zur Sache zurück zu kommen." (Gegenmaßnahme)

Diskussionskultur

Natürlich kann man sich nicht alle vorgestellten rhetorischen „Kunstgriffe" und deren Abwehrmöglichkeiten nach einmaligem Lesen auf einmal merken.

Deshalb rate ich zur schrittweisen Annäherung. Nehmen Sie sich am besten die einzelnen Gruppen vor und üben Sie damit im täglichen Umgang, bis Sie sicherer werden und zur nächsten Gruppe gehen können.

An dieser Stelle möchte ich noch einmal deutlich machen, dass die vorgestellten „Kunstgriffe der Rhetorik" von Arthur Schopenhauer weder von ihm selbst, noch selbstverständlich von mir als Anleitung für unfaire Gesprächsführung oder Diskussion verstanden werden sollten. Vielmehr betrachte ich diesen Exkurs in die Eristik als Hilfestellung, um die mögliche Strategie des Gesprächspartners in schwierigen und vielleicht sogar kritischen Gesprächssituationen zu erkennen und entsprechende argumentative Gegenmaßnahmen treffen zu können. Denn wirkungsvoll zu kommunizieren heißt auch, im „Kommunikations-Judo" bestehen zu können.

Schauen wir uns deshalb noch weitere Beispiele unredlicher rhetorischer Taktiken an.

Unfaire rhetorische Taktiken

Unfaire Dialektik - unfaire Taktiken: Wir müssen sie erkennen, sonst können wir sie nicht entlarven. In der Praxis müssen wir aber mit unfairen Taktiken unser Gesprächspartner in schwierigen Situationen rechnen.

Was sollen wir tun? Gilt es nicht, mit gleicher Münze - oder noch unfairer - zurückzuzahlen?

Selbstverständlich verlassen wir in derartigen Situationen als seriöse Gesprächspartner den Boden der "angewandten Rhetorik" nicht. Die Taktiken dürfen wir entlarven und sollen sie beim Namen nennen. Jeder, der ehrlich und natürlich redet, muss deshalb die Taktiken und Techniken der unfairen Dialektik erkennen, damit er weniger manipuliert werden kann.

Die denkbaren Reaktionen auf unfaire Verhaltensweisen in der Diskussion sind dabei nur als Anregung und Gedankenstütze gedacht. Die treffenden, fairen Antworten sind dabei situationsabhängig. Es liegt an Ihnen und Ihrem persönlichen Geschmack, welchen Lösungsansatz Sie wählen.[43]

Diskussionstaktiken und unredliche Methoden

Die nachfolgenden Beispiele über „unredliche Methoden" sollen zeigen, wie man auch in harten Interview - oder Diskussionssituationen mit unzimperlichen Taktiken umgehen kann. Einige davon kennen wir bereits aus Schopenhauers „Kunstgriffen" – sie dienen der Vertiefung und sind Beispielgebend für deren Anwendung und Reaktionsmöglichkeiten.

Die folgenden Diskussionstaktiken dienen aber auch dazu, Diskussionen in den elektronischen Medien, Radio und Fernsehen, fundierter beurteilen zu können. Bald schon werden Sie merken, wenn Sie eine Diskussionsrunde nach den rhetorischen Gesichtspunkten betrachten, mit welchen sprachlichen Stilmitteln die Diskutanten kämpfen und wie geschulte Rhetoriker damit umgehen. Und damit werden Sie auch Ihren eigenen Weg zur Abwehr solcher Methoden in vergleichbaren Situationen finden können.

Welche Taktiken werden häufig angewandt?

Schauen wir uns das im Folgenden einmal näher an:

---

[43] Nach K-K, Rhetorik.ch, 2013

Verunsicherungstaktik

Betont kritische Haltung und dauerndes Gegenfragen in der Diskussion (Missbilligung wird in der Körperhaltung zusätzlich zum Ausdruck gebracht).

Eigene Reaktion:
Wenn es sich zeigt, dass der ehrliche Wille zum Dialog fehlt, lohnt es sich nicht, das Spiel mitzuspielen. Eventuell zeigen, dass Sie die Methode durchschaut haben.

„Gibt es auch nur einen Punkt, den Sie nicht in Frage stellen?"

Unterbrechungstaktik

Unterbrechungen durch den Gesprächspartner während der eigenen Ausführungen sind zermürbend und lästig.

Eigene Reaktion:
Pause machen.

„Darf ich fortfahren?"

An Spielregeln und an Fairness appellieren.

Hauptsache - Nebensache - Taktik

Nebensächlichkeiten werden durch den Gegner hochgespielt, so dass der Zuhörer oder Gesprächspartner die Hauptsache (die eigentliche Absicht dahinter) nicht erkennt.

Eigene Reaktion:
Entlarven. Zum Thema zurückkommen.
„Diese Nebensächlichkeiten sind recht interessant. Es geht nun aber..."

Schweigetaktik

Sie werden lautstark abgefertigt, nachher wird eisern geschwiegen. Oder der Partner hört uns zu und schweigt, als ob ihn alles Gesagte überhaupt nicht interessiere.

Eigene Reaktion:
„Was meinen Sie als Spezialist über... - zu ..."
oder Erstaunen zeigen über das sonderbare Verhalten.

Autoritätstaktik

Was kann man schon sagen, wenn es Einstein gesagt hat. "Albert Schweizer hat zu dieser Frage bereits gesagt..."

Eigene Reaktion:
„Ich habe eigentlich die Frage an Sie gerichtet."

„Uns interessiert ihre Antwort."

Wissenschaftstaktik

Lehrmeinungen werden zitiert. Zitate von prominenten Persönlichkeiten werden sogar falsch wiedergegeben. Sie werden gefragt, ob Sie das Zitat nicht kennen.

Eigene Reaktion:
Zugeben wenn das Zitat unbekannt ist. Falls Sie den Fehler erkennen:

„Damit habe ich gerechnet, dass Sie Zitate aus dem Zusammenhang reißen. Dass Sie jedoch den Sachverhalt falsch wiedergeben würden, hätte ich nicht gedacht."

Fremdworttaktik

Um das Fachwissen zu beweisen oder um zu verwirren, werden Sie mit Fremdwörtern überschüttet.

Eigene Reaktion:
„Können Sie dies in gutes Deutsch übersetzen?"

„Für den Zuhörer wäre es interessant zu erfahren, was das alles heißt"

oder Fremdwörter selbst in der Antwort erklären.

Phrasentaktik

Schöne Redensarten (höhere Werte, Vaterland, Mutterliebe usw.) sollen Sie umgarnen.

Eigene Reaktion:
Motive des Denkens anerkennen.

„Ich habe nicht behauptet, diese Werte bedeuten uns nichts. Im Gegenteil."

Kompetenz-Taktik

Die Kompetenz des Redners wird in Frage gestellt, z.B. fehle es jungen Rednern an Lebenserfahrung oder alte Redner dächten angeblich nicht mehr zeitgemäß.

Eigene Reaktion:
Klar machen, dass es jetzt nicht ums Alter geht, sondern um Argumente.
„Was spricht gegen das Argument?"

Großzügigkeitstaktik

Wenn Fakten und Zahlenmaterial als kleinliche „Buchhaltermentalität", als „kleinkariert" abgetan werden, mit dem Hinweis: „Die große Linie ist gefragt."

Eigene Reaktion:
Da helfen vielleicht folgende Bemerkungen:
„Haben Sie etwas einzuwenden gegen die Zahlen?"
„Es sind genaue Zahlen, auf denen großzügiges Denken basieren kann."
„Sie wissen genau: Der Teufel steckt im Detail."

Genauigkeitstaktik

Vorbehalte sind zu hören gegen Ihre Aussage: Der Teufel liege im Detail. Das Argument sei zu ungenau.

Eigene Reaktion:
Die Einzelheiten wurden selbstverständlich auch geprüft.

„Um Sie nicht zu langweilen, trug ich Ihnen nur das Wichtigste vor."

„Auf Wunsch legen wir das Zahlenmaterial selbstverständlich gerne auf den Tisch."

Verschleierungstaktik

„Nehmen Sie es nicht übel, es ist nicht persönlich gemeint…"
So beginnt der Gesprächspartner. Obschon es nicht nach Beanstandung tönt, folgt wie erwartet eine harte, persönliche Kritik. (Die Zuhörer werden sogar noch darauf aufmerksam gemacht, dass jetzt eine besonders harte Kritik kommt.)

Eigene Reaktion:
„Vielen Dank für Ihre Offenheit, aber…"

„Finden Sie diese Kritik an dieser Stelle angebracht?"

Vorwurfstaktik

Der Gesprächspartner überhäuft Sie mit Vorwürfen und endlosen "Warum"-Fragen. (Vielleicht will er bewusst verzögern oder hinhalten.)

Eigene Reaktion:
„Obwohl diese Aussagen nicht hierher gehören, gebe ich Ihnen gerne eine Antwort." (Es folgt nur eine kurze Antwort).

Entweder-oder-Taktik

Es wird darauf beharrt, dass nur die beiden extremen Möglichkeiten in Frage kommen.

Eigene Reaktion:

„Gibt es für Sie keinen gangbaren Mittelweg?"

„Schlagen Sie mir wenigstens einen Kompromiss vor, den Sie auch akzeptieren könnten."

"Wenn" und "Aber"

Streit suchen mit unablässigem "Wenn" und "Aber".

Eigene Reaktion:

„Darf ich von Ihnen einmal konkret hören, in welchen Punkten Sie mit mir einig gehen?"

Aufschub-Taktik

Der Gesprächspartner will erst später Stellung beziehen (Zeitgewinn analog Rückfragetaktik).

Eigene Reaktion:

Eine sofortige Stellungnahme verlangen, weil der Entscheid im Sinne der Zuhörer jetzt besonders wichtig ist.

Verwirrungstaktik

Ihre Aussagen werden verdreht und in einem völlig falschen Sinn zu einer Schlussfolgerung verwendet, die deutlich machen soll, dass Ihre Aussage absurd ist.

Beispiel:

> „Unsere äußerst komplexe und vielschichtige Erkenntnis erschwert präzise Begutachtungen, obwohl dessen ungeachtet unsere Positionen in einer Evaluationsphase neu ermittelt werden müssen."

Eigene Reaktion:

Entwirren, Umdeutung bewusst werden lassen. Erstaunen zeigen, dass aus... Aussage .. (die klar und unmissverständlich war) so eine völlig verfremdete Aussage gemacht wurde.

"Was bedeutet für Sie...?"

Abblocken mit „Redemauer"

Damit Sie nicht mehr zu Wort kommen, folgt eine Dauerrede. Mit der Redemauer sollen Sie hingehalten werden.

Eigene Reaktion: Deutlich unterbrechen.

Mit kurzen offenen Fragen den Redefluss hemmen

Diese Art des Unterbrechens ist auch eine Waffe des gut geschulten „Kampfrhetorikers".

Beispiel:

> „Finden Sie dies gut? Nicht? Weshalb erwähnen Sie es dann?"

Eigene Reaktion:
Verwirrende Gegenfrage:

„Wie kommen Sie auf diese Frage?"

Den Naiven spielen

Absichtlich nicht verstehen wollen. Das Gegenüber spielt den Ahnungslosen. Dies irritiert. Man verliert bei dieser Taktik die Geduld und den roten Faden.

Eigene Reaktion:
Ruhig bleiben.

Scheinstützentechnik

Zuerst wird der Partner glaubhaft unterstützt, um ihn zu einem späteren Zeitpunkt unverhofft anzugreifen (Ausnutzung des Überraschungseffekts).

Eigene Reaktion:
Zurückkommen auf die erste Aussage und versuchen, den Wandel in der Gesinnung schrittweise nachzuvollziehen. Auf gestütztes Argument zurückkommen.

Diffamierung

Man beleidigt die Vertreter der Gegenmeinung.

Beispiel:

> „Es ist jedem klar, dass Sie als Handwerker diese Zusammenhänge nicht erfassen können."

> „Wir wissen, dass Sie als Politiker nicht an konkreten Lösungen interessiert sind."

> „Journalisten können Sie dies natürlich nicht wissen."

> „Die Farbe des Hemdes entspricht Ihrer Gesinnung."

> „Wenn jemand so viel isst wie Sie, so hat dies gewiss einen Einfluss auf das Denken."

Eigene Reaktion:
Beleidigung einstecken und das Problem ruhig auf der Sachebene weiterführen oder auf Beleidigung hinweisen:

„Obwohl Sie den Stand der Handwerker beleidigen, höre ich bei Ihnen (außer der Beleidigung) kein konkretes Argument, das gegen meine Ansicht spricht."

Beschuldigen

Mit dem Finger auf das Gegenüber zeigen.

Beispiel:

> „Sie verstehen mich falsch!"

Falls dann das Gegenüber aggressiv reagiert:

„Es ist sinnlos mit Ihnen zu diskutieren, Sie reagieren aggressiv!" (Gespräch abbrechen)

Eigene Reaktion:
Ruhig und höflich bleiben:

„Schade, dass Sie sich aus der Diskussion zurückziehen."

Schlagworte

Schlagwortargumentation ist vielfach Ersatz für mangelnde stichhaltige Gründe.

Beispiel:
„Lernen muss wehtun!"

Eigene Reaktion:
Rückfragen:

„Bei welchen Lernprozessen haben Sie unter Schmerzen leichter gelernt? Was bedeutet für Sie „wehtun"?"

Schlagworte können auch ein positives rhetorisches Werkzeug sein, statt nichtssagender Phrasen, hilft oft ein Satz in prägnanter, zündender Form.

Erfahrung

Erfahrungsargumente sind gut, aber es ist gefährlich, wenn Erfahrung und Tradition - ohne hinterfragt werden zu dürfen - als Argumente eingesetzt werden.

Beispiel:

> „In unserem Betrieb haben wird das schon immer so gemacht ...“

Eigene Reaktion:
„Es ist gut, dass sich das in der Vergangenheit bewährt hat. Nun müssen wir aber darüber reden, ob sich dieses Vorgehen heute auch noch bewährt.“

Emotionen

Wenn jemand echte Ergriffenheit zeigt (beruhend auf einem Erlebnis), so ist das fair. Wenn aber Emotionen missbraucht werden, so ist die Situation anders.

Beispiel:

> „Opfer dieser Politik sind die gebrechlichen, alten Menschen und vor allem die kleinen Kinder, die sich nicht wehren können.“

Eigene Reaktion:
Bei krassem Missbrauch ist eine deutlichere Sprache angebracht.

„Darf ich Sie bitten, die Ablehnung dieser Vorlage *sachlich* zu begründen?“

Plausibilität

Wenig fundierte Argumente können mit Hilfe der Plausibilitätstaktik glaubwürdiger wirken.

Beispiel:

> „Es muss doch einleuchten - jedenfalls wird es jeder mit gesundem Menschenverstand bestätigen - dass diese Aussage ...“

Eigene Reaktion:

„Gibt es für Ihre Variante, außer dem Appell an den gesunden Menschenverstand, auch noch *sachliche* Argumente?“

Gag

Vom eigentlichen Thema abweichen und auf ein neues Thema ausweichen. Siehe Diversionstaktik, Verwirrungstaktik, Aufschub-Taktik.

Eine geschickte Variation der Ausweichtaktik ist das Abschweifen mit einer lustigen Geschichte (anstatt Stellung zu einem Sachproblem zu nehmen).

Eigene Reaktion:

„Wollen oder können Sie zum Diskussionsthema keine Stellung nehmen?“

„Vielen Dank für die Auflockerung. Beinahe hätten wir vergessen, dass wir über ... unbedingt noch reden müssen.“

Übung macht den Meister

Für die vorgestellten Gesprächstaktiken und deren Entgegnungsmöglichkeiten gilt das Gleiche, wie für die rhetorischen „Kunstgriffe":

Erst mit der Zeit und dem Üben gehen diese Techniken nach und nach in Fleisch und Blut über.[44]

Auch hier rate ich dazu, nur in kleinen Einheiten vorzugehen, denn sonst ist die Gefahr groß, den Überblick zu verlieren.

Hier noch einmal die Gesprächstaktiken im Überblick:

Gesprächstaktiken:

- Verunsicherungstaktik
- Unterbrechungstaktik
- Hauptsache-Nebensache-Taktik
- Schweigetaktik
- Autoritätstaktik
- Wissenschaftstaktik
- Fremdworttaktik
- Phrasentaktik
- Kompetenz-Taktik
- Großzügigkeitstaktik

---

[44] Nach M. Knill, 'Natürlich, zuhörerorientiert, inhaltzentriert reden' (SVSF Verlag 1991, Hoelstein)

- Genauigkeitstaktik
- Verschleierungstaktik
- Vorwurfstaktik
- Entweder-oder-Taktik
- „Wenn" und „Aber"
- Aufschub-Taktik
- Verwirrungstaktik
- Abblocken mit Redemauer
- Mit kurzen offenen Fragen den Redefluss hemmen
- Den Naiven spielen
- Scheinstützentechnik
- Diffamieren
- Beschuldigen
- Schlagworte
- Erfahrung
- Emotionen
- Plausibilität
- Gag

Zum Schluss

Das Neue im Alltag üben

Nun kommt es darauf an, die Kommunikationsaspekte, die Ihnen bei der Lektüre dieses Buches neu waren oder die nun in einem anderen Licht erscheinen, auch umzusetzen. Das geht nicht von alleine. Denn das Wissen um die Wirkung von Kommunikation im Allgemeinen und die Mittel der Rhetorik im Besonderen, helfen allein nicht weiter.

Man muss es üben! Denn nur mit der Übung fallen uns in Stresssituationen die richtigen rhetorischen Werkzeuge ein.

In unkomplizierten Alltagssituationen kommunikativ zu wirken, ist keine schwarze Kunst. Dagegen erfordern Stresssituationen einen kühlen Kopf, das Wissen um das notwendige Handwerkszeug, das nötige Selbstbewusstsein und damit die kommunikative Übersicht. Denn das Ziel ist eine wirkungsvoll und strategisch ausgerichtete Kommunikation, um zu überzeugen und andere für die eigenen Ziele zu gewinnen.

Wir haben uns mit vielen Aspekten wirkungsvoller Kommunikation auseinander gesetzt.

Noch einmal die wichtigsten Punkte im Überblick:

Grundregeln wirkungsvoller Kommunikation

- ✓ Mit Botschaften arbeiten
- ✓ Immer positiv formulieren
- ✓ Verbindungswörter statt Widerstandswörter
- ✓ Keine Weichmacher verwenden
- ✓ Hart in der Sache und weich zu den Menschen
- ✓ Konfliktreduzierender Sprachstil (Sie- / Ich-Botschaften)
- ✓ Sage nur, was Dir nutzt
- ✓ Du kannst über alles reden – nur nicht über 30 Sekunden! (Keine langen Monologe)
- ✓ Keine Negationen verwenden!
- ✓ Wer einmal lügt ...
- ✓ Alles vor dem „Aber" ist gelogen!
- ✓ KISS – Keep it short and simple
- ✓ Bewusstes und aktives Zuhören
- ✓ Keine Konjunktive verwenden (könnte, müsste...)
- ✓ Erzeuge Kino im Kopf
- ✓ Verwende Beispiele für eine bildhafte Sprache
- ✓ Zahlen immer in eine Beziehung setzten
- ✓ Für den ersten Eindruck gibt es keine zweite Chance!
- ✓ Keine Ironie verwenden
- ✓ Setze die 70/30-Regel ein
- ✓ Gesprächssteuerung durch Schlüsselwörter

Die Übersicht soll Ihnen helfen, die wesentlichen Punkte in Ihren Alltag einzubauen, um sie in kritischen Gesprächssituationen „ziehen" zu können und um nicht mehr Nachdenken zu müssen, welche Kommunikationsregel nun greift, wenn es einmal eng wird. Dann muss es sitzen!

Machen Sie sich eine Kopie der Seite mit diesen Grundregeln und legen sie sich an Ihren Arbeitsplatz, so dass diese Regeln immer in Ihrem Blickfeld liegen. Das hilft in den alltäglichen Gesprächssituationen, sich ab und zu daran zu erinnern. Natürlich kann niemand sein Sprachverhalten über Nacht ändern oder anpassen. Das dauert seine Zeit. Nehmen Sie sich diese Zeit.

Selbstverständlich hilft auch ein Coaching, ein Seminar oder ein Training als Einstieg auf dem Weg zum guten Kommunikator. Finden Sie Ihren eigenen Weg!

Betrachten Sie die in diesem Buch vorgestellten Wirkungsweisen der Kommunikation als Angebot. Nicht alle passen zu jedem. Suchen Sie sich diejenigen heraus, die am besten zu Ihnen passen und üben Sie jeden Tag nur einige wenige. Sie werden merken:

Der Umgang mit diesen Wirkmöglichkeiten geht Ihnen nach und nach in Fleisch und Blut über und Sie werden immer stärker in Ihrer wirkungsvollen Kommunikation.

Ich wünsche Ihnen viel Erfolg und Freude bei der Umsetzung.

CMC Kommunikation + Medien

Seminare und Training

für Führungskräfte

„Erfolgreich zu sein setzt zwei Dinge voraus: Klare Ziele und den brennenden Wunsch, sie zu erreichen"

Johann Wolfgang von Goethe

Das aktuelle Seminarprogramm

Info und download unter www.conmediacom.de

Abbildungsverzeichnis

Literaturverzeichnis

Frindte, W.: Einführung in die Kommunikationspsychologie. Weinheim 2001.

Schulz v. Thun, F.: Miteinander reden. Psychologie der menschlichen Kommunikation. 3 Bände. Reinbeck 1981,1989,1998.

Schulz v. Thun, F.: Ruppel, J. & Stratmann, R., Miteinander Reden: Kommunikationspsychologie für Führungskräfte. Reinbek 2001.

Watzlawick, P.: Beavin, J.H. & Jackson, D.D. (2000). Menschliche Kommunikation. Bern 2000.

Nöllke, C.: Präsentieren, Planegg/München 2006.

Feldmann, R. & Rimé, B.: Fundamentals of Nonverbal Behaviour. New York 1991.

Molcho, S.: Körpersprache. München 2003.

Molcho, S.: Alles über Körpersprache. München 2001.

Burkart, R.: Kommunikationswissenschaft. Grundlagen und Problemfelder. Umrisse einer interdisziplinären Sozialwissenschaft. München 2001.

Delhees, Karl H.: Soziale Kommunikation. Psychologische

Grundlagen für das Miteinander in der modernen Gesellschaft. Opladen 1994.

Haeske, U.: Kommunikation mit Kunden. Berlin 2008.

Habermas, J.: Theorie d. kommunikativen Handelns. 2 Bde. Frankfurt/M. 1981.

Maletzke, G.: Kommunikationswissenschaft im Überblick. Grundlagen, Probleme, Perspektiven. Wiesbaden 1998.

Watzlawick, P. u.a.: Menschliche Kommunikation. Formen, Störungen, Paradoxien. Bern 1969.

Drews, L.: i. A. d. Career Center der Freien Universität Berlin und des Hochschulteams des Arbeitsamts Berlin. Berlin 2001.

Beck, G.: Verbotene Rhetorik. München 2009.

Henne, H.; Rehbock, Helmuth: Einführung in die Gesprächsanalyse. Berlin 2001.

Pöhm, M.: Vergessen Sie alles über Rhetorik. München 2009.

Linke A., u.a.: Studienbuch Linguistik, Tübingen 1996.

Sacks H., u.a.: A simplest systematics for the organiszation of turn-taking for conversation.
In: Language 50, S. 696-735.

Thiele, A.: Argumentieren unter Stress. München 2009.

Bahrdt, Hans P.: Schlüsselbegriffe der Soziologie: eine Einführung mit Lehrbeispielen. München 1994.

Burkart, Roland: Kommunikationswissenschaft. Grundlagen und Problemfelder. Umrisse interdisziplinären Sozialwissenschaft. Wien 2001.

Höflich, Joachim R.: Technisch vermittelte interpersonale Kommunikation. Grundlagen, organisatorische Medienverwendung, Konstitution elektronischer Gemeinschaften. Opladen 1996.

Ditges, F.; Höbel, P.; Hofmann, T.: Krisenkommunikation. Konstanz 2008.

Jäckel, M.: Medienwirkungen. Ein Studienbuch zur Einführung. Wiesbaden 1999.

Faßler, M.: Was ist Kommunikation? München 1997.

Ludes, P.: Multimedia-Kommunikation: Theorien, Trends und Praxis. Opladen 1997.

Merten, K.: Die Wirklichkeit der Medien: Eine Einführung in die Kommunikationswissenschaft. Opladen 1994.

Bruce, A.; Pepitone, James S.: Mitarbeiter motivieren. Frankfurt/Main 2007.

Fey, G.: Gelassenheit siegt! Regensburg 2009.

Danke

Ich bedanke mich bei allen, die mich bei der Erstellung des Buches mit Tat und gutem Rat unterstützt haben. Vor allem bei den Kollegen, Freunden und Verwandten, die sich die Mühe des Korrekturlesens gemacht und mir wertvolle Hinweise gegeben haben.

Insbesondere gilt der Dank meiner Frau Ruth, die mich während des gesamten Buchprojektes stets ermuntert, gefordert und mit vollem Herzen unterstützt, sowie als aussagekräftige Fotografien beigesteuert hat.

Der Autor Jorge Klapproth ist Inhaber und Headcoach der

CMC Kommunikation + Medien
Seminare . Training . Coaching

- **Medientraining**
- **Krisenkommunikation**
- **Strategische Kommunikation**

Mitglied im Berufsverband für Trainer, Berater, Coaches (BDVT e.V.)

Vortrags- und Seminarprogramm

- Wirkungsvolle Kommunikation als Erfolgsfaktor
  für Führungskräfte*
- Schwierige Mitarbeitergespräche
  erfolgreich führen*
- Grundlagen der Internen und Externen
  Unternehmenskommunikation*
- Kommunikation in der Krise
  Krisenkommunikation und Krisenprävention
- Sichere Kommunikation am Telefon
  Praxisseminar Telefontraining*
- Vortragstraining / Präsentationstraining
  Informieren, motivieren, überzeugen
- Der überzeugende Medienauftritt
  Medientraining für Führungskräfte*
- Grundlagenseminar für Pressesprecher
- Aufbauseminar für Pressesprecher
- Der professionelle Medienauftritt
  Medientraining für Pressesprecher
- Presse- und Öffentlichkeitsarbeit
  für KMU, Behörden, Organisationen und Verbände

Online-Videoseminare

Zusammen mit dem Partner *Lecturio,* bietet der Autor nachfolgende Seminarthemen auch online* an:

1. Wirkungsvolle Kommunikation als Erfolgsfaktor
   für Führungskräfte
2. Der überzeugende Medienauftritt für Führungskräfte
3. Schwierige Mitarbeitergespräche führen
4. Sicher kommunizieren.
   Am Telefon überzeugend auftreten.
5. Grundlagen der Internen und Externen Unternehmenskommunikation

---

*Videoseminare verfügbar unter:
www.lecturio.de/elearning/dozenten/jorge-klapproth

CMC Kommunikation + Medien
Seminare . Training . Coaching
Dipl.-Ing. (FH) Jorge Klapproth
Ochsenbend 13
D-41836 Hückelhoven

Telefon: 02462-2032892
Telefax: 02462-2032891
Mobil: 0163 - 5940 656

E-Mail: jk@conmediacom.de
Web: www.conmediacom.de

Stichwortverzeichnis